すぐに▼役立つ

遺産分割のしくみと相続税申告書の書き方

公認会計士 武田 守／認定司法書士 松岡 慶子 監修

三修社

はじめに

相続は、亡くなった人（被相続人）の財産を、相続人に帰属させる制度です。被相続人の財産が相続人に承継される時期は、相続開始の時（被相続人の死亡時）とされています。被相続人が遺言をしているような場合を除き、相続開始により相続財産全体を相続人が相続分という割合で互いに持ち合っている状態となります。そこで、相続開始後に個々の相続財産を、それぞれの相続人の所有物として確定する手続きが必要になってきます。これが遺産分割です。遺産分割は、相続人全員の話し合い（遺産分割協議）によって決定されることから、いかにスムーズに遺産分割協議を行うかが、遺産相続の成否を握るカギとなります。遺産分割が終われば、後は税金（相続税など）が問題となります。しかし、相続は、遺産の分け方（遺産分割）をめぐり、相続人間で争いになることや、相続税が多額となり、収めることができないという場合など、大きなトラブルに発展する場合があります。

本書は、実際に遺産分割や相続税に関する問題に直面している皆様が問題の解決法を模索できるように、基本的な知識や手続きを解説した指南書です。遺産分割のしくみから、遺言がある場合の相続手続き、調停などの解決手段、相続登記、各種相続財産と評価方法まで解説しました。相続税については、基本的な知識と税額計算の仕方、申告書、添付書類の書き方、延納と物納などについて、サンプル書式を掲載し、実践的に解説しています。

なお、本書は、配偶者保護、預貯金の仮払い制度、遺産分割や遺留分制度の見直しなどを定めた2018年の民法改正に対応しています。

本書をご活用いただき、皆様のお役に立てていただければ監修者として幸いです。

監修者　公認会計士　武田　守
認定司法書士　松岡　慶子

Contents

はじめに

第１章　相続と遺産分割の基礎知識

1　相続とトラブルについて知っておこう　10
2　遺産分割手続きの流れをつかもう　12
3　相続の方法について知っておこう　14
4　相続のルールについて知っておこう　17
5　相続分について知っておこう　22
6　特別受益を受けると相続分はどう変わるのか　24
7　寄与分を受けると相続分はどう変わるのか　27
8　相続の承認と放棄について知っておこう　30
9　相続法改正で何が変わったのか　35
10　遺言書の役割について知っておこう　40
Q&A　自筆証書遺言の要件の緩和について教えてください　43
11　遺留分について知っておこう　45
12　遺留分が侵害された場合や遺留分の放棄について知っておこう　48
Q&A　特別縁故者とはどんな制度なのでしょうか。手続きについても教えてください。　52

第２章　遺産分割のしくみと相続開始後の手続き

1　相続開始から遺産分割までの流れを知っておこう　54
2　遺産の調査方法はどうやって行えばよいのか　57
3　遺産の範囲について知っておこう　59
4　遺産の範囲に争いがある場合　61

5 相続人の確定作業をする 63
6 相続人の中に未成年者がいる場合について知っておこう 65
書式 特別代理人の選任申立書 67
7 相続人の中に認知症の人がいる場合 69
8 相続人の中に行方不明者がいる場合 71
書式 失踪宣告申立書 73
書式 不在者財産管理人選任申立書 75
9 遺産分割の方法について知っておこう 77
10 遺産分割協議の流れについて知っておこう 82
11 遺産分割前に処分された財産の取扱いについて知っておこう 86
12 預金口座をめぐる法律問題について知っておこう 88
13 配偶者の居住権について知っておこう 92
Column 預金や債務の取扱いについて 96

第3章 遺言がある場合の相続手続き

1 遺言がある場合の相続手続きはどうなるのか 98
2 遺言の効力に問題がある場合について知っておこう 101
3 遺言がある場合の遺産分割協議はどうする 105
Q&A 遺産分割後に遺言書が見つかった場合にはどうなるのでしょうか。 107
4 遺贈と相続の違いについて知っておこう 108

第4章 調停などの相続トラブル解決手段

1 遺産分割協議がまとまらない場合はどうしたらよいのか 112
2 遺産分割以外の相続トラブルの解決策を知っておこう 116

3　家庭裁判所の手続きが必須の相続手続きもある　119
書式　相続放棄申述書　120
4　内容証明郵便の書き方、出し方について知っておこう　122
記載例1　ある相続人から他の相続人に対する遺産分割協議の申入書　124
記載例2　遺言執行者から遺贈を受けた者に遺贈条件の履行を促す請求書　125
記載例3　分割がすんでいない遺産の処分差止請求書　126
記載例4　銀行に対する相続した預貯金債権の仮払い請求書　127
記載例5　生存配偶者の短期居住権を理由として受遺者の退去請求を拒否する通知書　128
書式　遺産分割調停申立書　129

第5章　相続登記の手続き

1　相続登記について知っておこう　132
2　相続登記申請時にはどんな書類を提出するのか　134
3　相続登記の登記原因証明情報について知っておこう　136
4　相続に関する登記申請書類はどのように作成するのか　140
書式　相続した場合の登記申請書　142
書式　遺産分割協議書　143
書式　相続関係説明図　144
書式　相続分皆無証明書　144
5　遺贈の登記手続きについて知っておこう　145
書式　遺贈による所有権移転登記申請書（遺言執行者がいる場合）　147
書式　遺言書（遺言執行者を選任する場合）　148
書式　遺贈による所有権移転登記申請書（遺言執行者がいない場合）　149
書式　遺言書（遺言執行者の選任がない場合）　150
6　申請書類の綴じ方や補正について知っておこう　151
7　法定相続情報証明制度について知っておこう　153
Column　所有者がわからない土地などの登記義務　156

第6章　相続財産とその評価

1　なぜ相続財産を評価するのか　158

2　不動産はどのように評価するのか　161

3　小規模宅地等の特例について知っておこう　167

4　農地や山林の評価方法について知っておこう　169

5　貸地などはどのように評価するのか　171

6　家屋や貸家はどのように評価するのか　174

Q&A　私道や私道に接する宅地、マンションの敷地の評価は何を基準に算定するのでしょうか。評価方法について教えてください。　176

7　動産はどのように評価するのか　178

8　株式や公社債はどのように評価するのか　180

9　金銭債権の取扱いとその他の財産の評価方法について知っておこう　183

10　系譜・墳墓・祭具・遺骸・遺骨や形見の取扱いについて知っておこう　186

Column　相続について相談できる専門家と相談機関　188

第7章　相続税のしくみと手続き

1　相続税額の計算方法を知っておこう　190

Q&A　相続税よりも贈与税のほうが課税率が高いというのは本当でしょうか。相続税と贈与税の関係や税率について教えてください。　195

2　生命保険金は相続税の対象になるのか　198

3　弔慰金・死亡退職金は相続税の対象になるのか　200

4　課税価格の計算方法について知っておこう　202

5　相続税の税額控除にはどんなものがあるのか　205

6　相続税の取得費加算について知っておこう　208

7 相続時精算課税制度とはどんな制度なのか 210
8 相続税・贈与税の申告方法について知っておこう 214
9 相続税の申告書を作成する 217
10 相続税申告書の書き方について知っておこう 222
書式 第1表 相続税の申告書 227
書式 第1表（続）相続税の申告書（続） 228
書式 第2表 相続税の総額の計算書 229
書式 第5表 配偶者の税額軽減額の計算書 230
書式 第6表 未成年者控除額・障害者控除額の計算書 231
書式 第9表 生命保険金などの明細書 232
書式 第10表 退職手当金などの明細書 233
書式 第11表 相続税がかかる財産の明細書 234
書式 第11・11の2表の付表1 小規模宅地等についての課税価格の計算明細書 236
書式 第13表 債務及び葬式費用の明細書 237
書式 第15表 相続財産の種類別価額表 238
書式 第15表（続）相続財産の種類別価額表（続） 239
11 申告書に添付するその他の添付書類について知っておこう 240
書式 上場株式の評価明細書 243
書式 土地及び土地の上に存する権利の評価明細書 244
12 相続税の延納と物納について知っておこう 246
書式 相続税延納申請書 249
書式 相続税物納申請書 252
Column 連帯納付制度とはどんなものなのか 254

第1章

相続と遺産分割の基礎知識

1 相続とトラブルについて知っておこう

トラブルが起こりやすいケースを知り、生前から対策を立てておく

相続とは何か

相続とは、被相続人の死亡により、その遺産が相続人に移転することです。この場合の「遺産」とは、土地や株式など金銭的評価ができるものの他にも、被相続人に借金などが残されているときは、これも遺産に含まれます。相続は、被相続人の死亡と同時に始まります。相続人が被相続人の死亡を知っている必要もありません。相続人の相続分は、民法により定められていますが（法定相続分）、相続人全員の合意があれば法定相続分とは異なる割合で遺産を承継することができます。なお、相続人には寄与分の制度がある他、2018年に成立した相続法改正では、特別の寄与をした親族による特別寄与料の請求を認めたことから、これらも考慮して相続分を確定することが必要となります。

被相続人の遺産（相続財産）は、相続分に応じて分割できるものを除いて相続人全員による共有となります。共有状態にある遺産をそれぞれの相続人の所有物として確定する手続きが、「遺産分割」です。遺産分割は、相続人全員の話し合い（遺産分割協議）によって決定されることから、いかにスムーズに遺産分割協議を行うかが、遺産相続の成否を握るカギとなります。遺産分割が終われば、後は税金（相続税など）が問題となります。

相続に関するトラブル

相続に関するトラブルは、相続税の税負担が重いことに起因するトラブルと、遺産の分け方（遺産分割）をめぐって遺族間で発生するトラブルに大別することができます。まず、相続税とは、相続によって

財産を引き継いだ人が支払う税金です。相続税の最高税率は55％と重いものですが、相続税には基礎控除と呼ばれる非課税枠があり、遺産額が「3000万円＋（600万円×法定相続人の数の額）」以下であれば、相続税を支払う必要はないため、相続税をめぐるトラブルはさほど多くありません。一方、遺産の分け方をめぐる遺族間のトラブルは、遺産が少ない場合でも起こる可能性があります。事実、統計によると、家庭裁判所が扱った遺産分割調停事件のうち、遺産争いの７割以上が遺産総額5000万円以下（そのうち、４割程度が1000万円以下）となっています。つまり一般の家庭でも遺産争いが起こる可能性があるのです。

遺産の分け方をめぐるトラブルを防止するために、民法は、遺産を配分する割合を規定しています（法定相続分）。たとえば、子どもが２人であれば、それぞれ２分の１ずつ均等に遺産を分けることになります。しかし、「子どもの１人がずっと親の介護をした」「住宅を購入する際に親から援助を受けた相続人がいる」などの事情があると、前者は寄与分、後者は特別受益の問題となって、法定相続分による遺産の分配は難しくなります。遺族間の話し合いで遺産を分けることができず、家庭裁判所の調停などを利用するケースも増えています。

■ 相続をめぐるトラブル

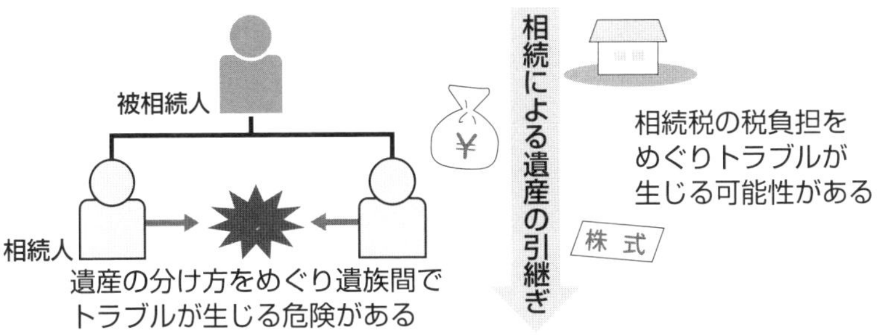

2 遺産分割手続きの流れをつかもう

遺産分割協議に参加する者を確認しておく

遺産分割は相続人全員で行う

被相続人の財産が相続人に承継される時期は、相続開始の時（被相続人の死亡時）とされています。被相続人が遺言をしているような場合を除き、相続開始により相続財産全体を相続人が相続分という割合で互いに持ち合っている状態となります。そこで、相続開始後に個々の相続財産をそれぞれの相続人の所有物として確定する手続きが必要になってきます。これが遺産分割です。

まず、遺産分割のおおまかな流れについて見ておきましょう。

遺産が可分債権（預貯金を除きます）である場合は、遺産分割手続きを経ることなく当然に相続分に応じて分割されます。負債（債務）も同じように相続分に応じて分割されます。ただし、相続人全員の同意があれば、遺産分割の対象とすることができます。

しかし、遺産が可分債権だけの場合はほぼありません。通常は遺産に不動産、動産、現金、預貯金など、そのままでは分けられないものが含まれています。また、営業用財産などのように、機械的に分割してしまうと価値がなくなってしまう場合もあります。このような場合に、遺産分割の手続きによって、特定の相続人がその不動産や動産などを所有することに決めることができるのです。

相続人が１人しかいない場合を除けば、どのような財産が残されていて、それをどのように分割し、誰がどの財産を相続するのかを、相続人が全員参加する遺産分割協議で話し合う必要があります。

公平に遺産分割をするため、一部の相続人しか参加していない遺産分割協議は無効とされ、再度協議をし直さなければならなくなりますので注意が必要です。遺産分割協議をする際は、戸籍謄本などで法定相続人をしっかりと確認しておく必要があります。

なお、遺産分割協議には代襲相続人、包括受遺者、認知された子も出席する必要があり、全員出席してはじめて協議が成立します。

家庭裁判所に判断してもらう

遺産分割の協議が成立しなければ、家庭裁判所の調停や審判によります。協議や調停では、当事者の意向が反映され、柔軟な分割を行うことができます。しかし、審判では、当事者の意向に関係なく、具体的相続分に基づいた分割方法を決定します。分割方法は、現物分割、換価分割、代償分割、共有分割の中から選択します（78ページ）。

相続開始から遺産分割までの流れ

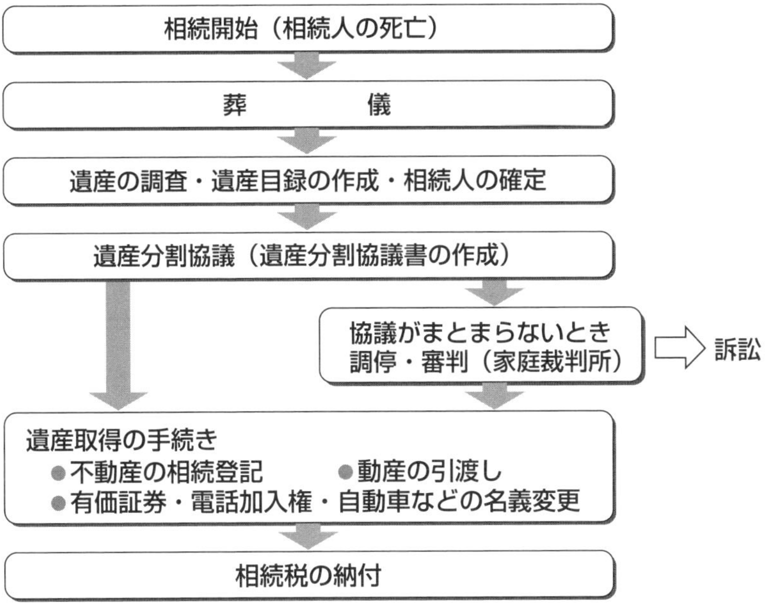

3 相続の方法について知っておこう

相続の方法には３種類ある

相続とは被相続人の財産を分けること

相続の方法には、①被相続人が生前に遺言を作成し、その遺言の内容にそって遺産を相続する方法（遺言相続）、②民法の定める相続人が、定められた割合で遺産を相続する方法（法定相続）、③相続人が話し合いにより誰が何を相続するかを決める方法（遺産分割協議による相続）の３種類があります。

死亡後であっても、財産の所有者の意思は尊重されますので、遺言相続は法定相続に優先することになります。つまり、遺言書が残されていれば、遺言の内容に従い遺産が承継され、他方、遺言書が残されていなければ、法定相続に従って遺産が相続されるのが原則です。

ただし、相続人全員（包括受遺者も含む）の合意があれば、遺言の内容や、法定相続分とは異なる遺産の分割をすることも認められています。そのため、実際の相続の多くは、相続人全員の話し合い（遺産分割協議）によって遺産の分割方法が決められています。

遺言相続のメリット・デメリット

遺言による相続は法定相続に優先するため、遺言者の思い通りに遺産の承継を決定できるというメリットがあります。また、相続人間の争いを未然に予防できるというのも遺言相続の利点です。

遺産争いの多くは、相続人同士が互いの主張を曲げず、何を相続するかで言い争う中で激化していきます。つまり、遺産分割協議の場において遺産争いは多発しているのです。この点、遺言書があれば、遺産分割協議をせずに、遺産を相続することができるので、相続人間の争いを回避することができるというわけです。

　ただし、遺言は法的な効力をもつ文書であるため、厳格な要式が定められており、その要式に不備があれば無効になる危険性があります。また、遺言作成時の判断能力に問題がある場合には、後日、遺言書の有効性が争われることもありえます。さらに、相続人には、遺留分といって、法律で保障された最低限の相続分があり、遺言によっても遺留分を侵害することはできません。遺言内容が、他の相続人の遺留分を侵害するものであっても遺言自体は無効にはなりませんが、遺言によって相続や贈与を受けた人は、場合によっては遺留分に相当する金銭の支払いをする必要があります。

■ 相続方法とメリット・デメリット

	メリット	デメリット
遺言による相続	・法定相続に優先するため、遺言者の思い通りに遺産の承継を決定できる ・争いを未然に予防できる	・厳格な要式が定められており、その要式に不備があれば無効になる危険性がある ・遺言作成時の判断能力に問題がある場合には、後日、遺言書の有効性が争われることもある ・遺言によっても相続人の遺留分を侵害することはできない
法定相続	・民法に定められたルール通りに遺産を分けるため、相続人間で不公平な結果になることはなく、争いも生じにくい	・家などを相続人全員が相続した場合、相続人全員の共有となり、複雑な問題が生じる可能性がある ・相続人が債務を負っている場合に、債権者によってその相続人の持分を差し押さえられる危険がある
遺産分割協議	・遺言書の有無にかかわらず、相続人全員の合意があれば、遺産分割協議によって誰が何を相続するかを決定することができる	・相続人間の話し合いがまとまらず、相続手続きが停滞する可能性がある ・相続人の中に行方不明者や認知症の者、未成年者などがいる場合に、代理人の選任など裁判所を利用した手続きが必要になる

法定相続のメリット・デメリット

遺言書がない場合は、民法のルールに従って遺産を相続することになります。民法は、親族のうち、子を第1順位、両親や祖父母などの直系尊属を第2順位、兄弟姉妹を第3順位とする優先順位を定めています（配偶者については常に相続人となります）。また、それぞれが相続できる割合（法定相続分）についても規定しています。

法定相続は民法に定められたルール通りに遺産を分けるので、相続人間で不公平な結果になることはなく、争いも生じにくいというメリットがあります。

その一方で、実家を相続人全員が法定相続分に応じて相続した場合、その実家は相続人全員の共有となりますが、不動産の共有化には複雑な問題が生じる可能性があります。たとえば、実家を売却する場合、共有者である相続人全員の同意が必要となり、一人でも売却に同意しない者がいると、実家を売却することができなくなります。また、相続人の一人が、借金を抱えている場合、債権者によってその相続人の持分を差し押さえられるという危険もあります。

遺産分割協議による相続のメリット・デメリット

遺言書があっても、相続人全員（包括受遺者も含む）の合意があれば、遺産分割協議によって誰が何を相続するかを決定することができます。また遺言書がなくても、相続人の合意があれば法定相続分とは異なる遺産分割を行うことができます。つまり、相続人全員の合意によって、自由に遺産の分割を決定できるのが遺産分割協議による相続の大きなメリットといえます。

その反面、相続人間の話し合いがまとまらず、相続手続きが停滞したり、争いが泥沼化するおそれもあります。また相続人の中に行方不明者や認知症の者、未成年者などがいる場合は、代理人の選任など裁判所を利用した手続きが必要となり、煩雑化することもあります。

4 相続のルールについて知っておこう

誰が相続人になるかを確認する

遺産分割協議は相続人全員で行う

遺産分割協議では相続人全員の参加が義務付けられています。相続人が一人でも欠けた場合、遺産分割協議は無効となるため、遺産分割協議に先立ち、誰が相続人になるのか、相続人の範囲について知っておく必要があります。

相続人の範囲は民法で定められており、その範囲内の人だけが相続人になります。

配偶者は常に相続人となり、それ以外の血族には優先順位が決められています。

血族とは、血縁関係のある親族のことで、直系血族（親や子など直線的につながる血族）と傍系血族（兄弟姉妹など共通の始祖から枝分かれしている血族）に分けられます。直系血族はさらに、直系尊属（上方向の直系血族）と直系卑属（下方向の直系血族）に分かれます。

血族の相続順位の第１順位は子です。養子や胎児も含まれます。婚姻関係にない男女間に生まれた非嫡出子は、父の認知を受けた場合に相続人となります（母親の認知は不要です）。配偶者の連れ子は養子縁組をしない限り、相続人にはなりません。

第２順位は両親や祖父母などの直系尊属です。第１順位が誰もいない場合に、直系尊属が相続人となります。直系尊属の中では、被相続人から見て親等の最も近い者が相続します。たとえば、被相続人の親が１人でも生きていれば、祖父母が相続人になることはありません。

第３順位は兄弟姉妹です。第１順位と第２順位が誰もいない場合に相続人になります。兄弟姉妹の間に優先順位はありません。

前述したように、被相続人の配偶者は、上記の血族とともに、常に相続人となりますが、相続権がある配偶者は、婚姻届が出されている正式な配偶者に限定されます。内縁の配偶者は、夫婦同然に長年いっしょに生活しても、相続人になることはできません。

なお、最優先順位で相続人になるべき人を推定相続人といいますが、相続放棄や、廃除・相続欠格による相続権の喪失や、代襲相続の問題などがあるため、推定相続人が必ずしも相続人になるとは限らないことに留意してください。

■ 相続人の範囲

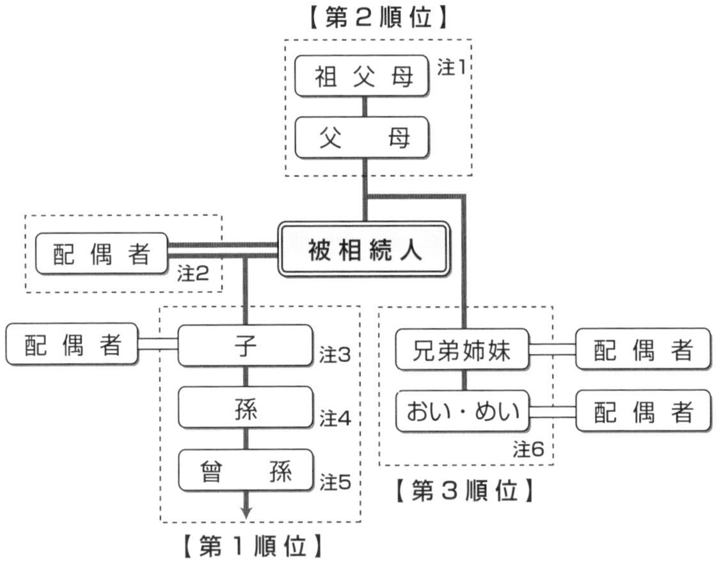

注１ 父母が死亡・相続権を失ったとき相続人となる
注２ 他の相続人と同順位で常に相続人となる
注３ 養子や胎児も含まれる
注４ 子が死亡・相続権を失ったとき相続人となる
注５ 孫が死亡・相続権を失ったとき相続人となる（曽孫以降も再代襲が生じる）
注６ 兄弟姉妹が死亡・相続権を失ったとき相続人となる（おい・めいの子以降の再代襲は生じない）

相続人の中に相続放棄をした者がいる場合

相続の承認の仕方には、被相続人に属する一切の権利義務の承継を無条件で認める単純承認、相続した財産の範囲内で債務の弁済義務を認める限定承認、そして相続することを否定する相続放棄の３種類があります。

相続放棄をすれば、その人は初めから相続人ではなかったことになりますので、相続人の範囲に変化が生じる可能性があります。

たとえば、被相続人に配偶者と２人の子どもがいた場合を考えてみましょう。このとき、子どもの１人だけが相続放棄をしても、他の子どもが相続人となりますので、相続人の範囲に変化は生じませんが、子ども２人が相続放棄をすると、第１順位の相続人がいなくなりますので、第２順位の相続人である直系尊属（それもいない場合は、第３順位の兄弟姉妹）が、配偶者とともに相続人となります。

このように先順位の相続人全員が相続放棄をすれば、次順位の相続人へ相続権が移りますので、相続人の中に相続放棄をした人がいる場合は、慎重に相続人の確定作業を進める必要があります。

相続欠格者や廃除された者がいる場合

本来は相続人になるべき者であっても一定の事情があったり、あるいは被相続人の意思で相続権を剥奪された場合には、相続人になれなくなります。相続人の相続資格を剥奪する制度には、①一定の事由があれば当然に相続資格を喪失する相続欠格と、②被相続人の意思により相続権を剥奪する廃除があります。

相続欠格となる主な事情として、①故意に、被相続人や同順位以上の相続人を死亡させ（未遂も含む）、刑に処せられた場合、②詐欺・強迫により、被相続人に相続に関する遺言をさせ（あるいは妨害し）たり、遺言の取消・変更をさせ（あるいは妨害し）た場合、③（不当な利益を得る目的で）遺言書を偽造・変造・破棄・隠匿した場合、④

被相続人が殺されたことを知っても、告発・告訴しなかった場合（殺害した者が自己の配偶者・親・子である場合を除く）などが挙げられます。

上記の事由に該当すると、当然に相続権を失い、また遺贈を受ける資格も失います。

これに対して、廃除とは、相続欠格ほどの理由がなくても、被相続人から見てその人に相続させたくないと考えるような虐待や侮辱、非行などがある場合に、被相続人の請求に基づいて家庭裁判所の判断で相続権を剥奪する制度です。廃除の請求は、被相続人が直接、家庭裁判所へ申し立てる他、遺言で行うこともでき、遺言書に廃除請求の意思表示がなされていれば、遺言執行者がその請求を行うことになります。なお、廃除の対象となるのは、遺留分をもっている相続人（配偶者、子およびその代襲者、直系尊属）だけです。遺留分をもたない兄弟姉妹に相続させたくない場合は、「兄弟姉妹には相続させない」という内容の遺言をすべきことになります。家庭裁判所で廃除が認められると、その人は相続権を失いますが、遺贈を受けることは可能です。

相続欠格や廃除はともに、その人から相続権を奪う制度ですが、その効果はその人だけに生じるもので、代襲相続までは否定されません。そのため、相続欠格者や廃除者に子や孫がいる場合は、その子などが代襲相続人として相続権を有することになります。

代襲相続とは

代襲相続とは、本来相続人になるはずだった親族が、死亡・相続欠格・相続廃除によって相続権を失った場合、その子や孫などが代わりに相続人となることです。本来相続するはずだった親族を被代襲者、代襲相続によって相続する人を代襲相続人と呼びます。

具体的に、被代襲者は被相続人の子か兄弟姉妹で、代襲相続人は被相続人の直系卑属かおい・めいが該当する可能性があります。

また、子が被代襲者となる場合の代襲相続では「孫→曾孫…」と再代襲が無限に続きますが、被代襲者が兄弟姉妹である場合の代襲相続では、代襲相続人は兄弟姉妹の子（被相続人のおい・めい）に限られることから、再代襲は生じません。代襲相続が行われる原因（代襲原因）は、死亡、相続欠格、相続廃除によって、相続人となるはずだった被相続人の子か兄弟姉妹が相続権を失うことです。一方、相続放棄の場合は、代襲相続は生じません。

■ 代襲のしくみ

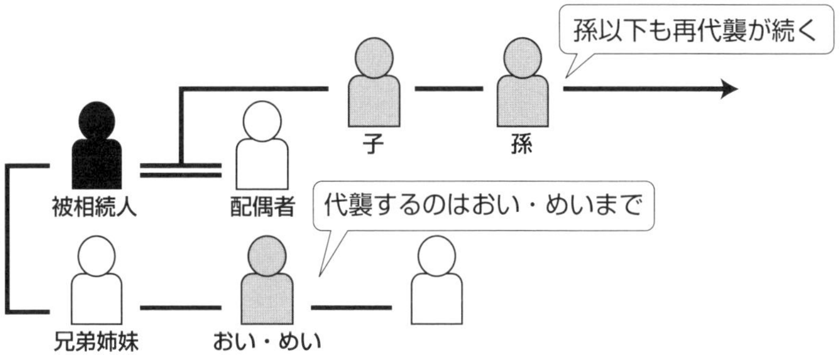

■ 相続廃除とは

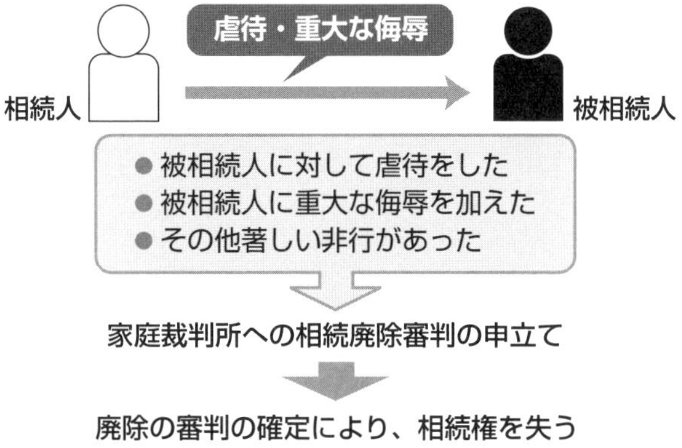

5 相続分について知っておこう

遺産の分割割合についておさえておく

民法が定める法定相続分

民法は、誰が相続人になるか（相続人の範囲）を定めるとともに、各相続人がどれくらい相続するかについても規定しています。これを法定相続分といいます。実際に誰が相続人になるかによって、以下のように法定相続分が変化します。

・配偶者と直系卑属（第１順位）が相続人となる場合
　配偶者の相続分が２分の１、直系卑属の相続分は２分の１
・配偶者と直系尊属（第２順位）が相続人となる場合
　配偶者の相続分が３分の２、直系尊属の相続分は３分の１
・配偶者と兄弟姉妹（第３順位）が相続人となる場合
　配偶者の相続分が４分の３、兄弟姉妹の相続分は４分の１

なお、兄弟姉妹が相続人になる場合、「全血兄弟」と「半血兄弟」とでは法定相続分に差が生じます。全血兄弟とは、被相続人と父母の双方を同じくする兄弟をいうのに対し、半血兄弟とは、父母の一方だけが同じ兄弟をいい、全血兄弟に対して半血兄弟の相続分は２分の１の割合になります。

遺産分割調停や審判で基準となる具体的相続分

法定相続分は遺産分割の一つの基準となるものですが、被相続人と相続人との関係性や事情等を一切考慮せず一律に定められたものです。そのため、相続人のなかに、被相続人から遺贈（遺言書による贈与）

や、生前に住宅購入資金などの援助を受けていた者（特別受益者）や、被相続人の療養看護に努めた者、家業を手伝い被相続人の財産形成に特別な寄与をした者（特別寄与者）がいる場合に、こうした事情を考慮せず法定相続分で一律に遺産を分割しようとすると、相続人間に不平等な結果が生じてしまうことになります。

また、相続人間の話し合いが難航し、遺産争いに発展してしまう危険性もあります。

そこで、遺産分割においては、特別受益や寄与分を考慮して各自の相続分を算定する必要性があります。これを具体的相続分といい、遺産分割協議がまとまらないときに家庭裁判所が行う調停や審判における基準とされています。

なお、遺産分割では、相続人全員の合意があれば、法定相続分や具体的相続分とは異なる遺産の分割も可能ですが、争いやもめごとを回避したいなら、具体的相続分を目安として話し合いを進めるのが無難といえます。

■ 全血兄弟と半血兄弟

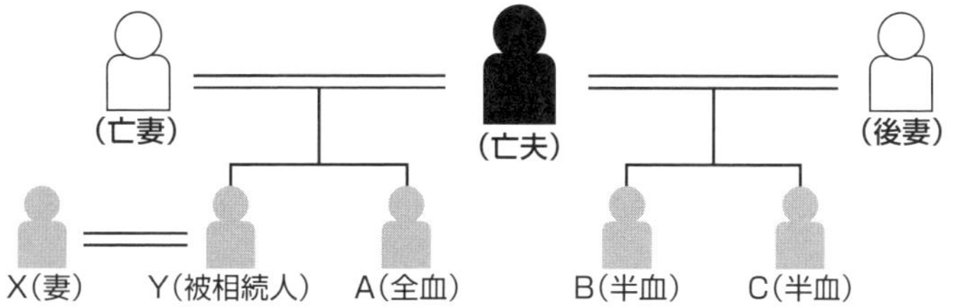

各自の相続分	全血兄弟A	$\frac{1}{4} \times \frac{2}{2+1+1} = \frac{1}{8}$
	半血兄弟B	$\frac{1}{4} \times \frac{1}{2+1+1} = \frac{1}{16}$
	半血兄弟C	$\frac{1}{4} \times \frac{1}{2+1+1} = \frac{1}{16}$
	妻　X	$\frac{3}{4}$

6 特別受益を受けると相続分はどう変わるのか

遺留分に反しない限りは尊重される

特別受益とは

相続人が被相続人から特別に財産をもらうことを特別受益といいます。特別に財産をもらった相続人が特別受益者です。そして、相続開始時の財産（遺贈を含む）に特別受益にあたる贈与（生前贈与）を加えたものが全相続財産（みなし相続財産）となります（これを特別受益の「持戻し」といいます)。その上で、相続人間の公平性を図るために、全相続財産を基準として具体的相続分を計算します。特別受益を受けた相続人の具体的相続分を計算する際には、特別受益を前渡し分として差し引きます（26ページ図)。

ただし、被相続人が遺言で特別受益を差し引かないと決めていた場合は、その遺言に従うことになります。このとき、特別受益が遺留分を侵害していれば、遺留分を有する相続人は、特別受益者に対して遺留分侵害額請求を行うことが可能です（47ページ)。

特別受益に該当する贈与や遺贈

特別受益に該当するものとして、①相続人が婚姻または養子縁組のために受けた贈与があります。結婚資金の贈与などが該当します。

また、②相続人が生計資金として受けた贈与も該当します。住宅の購入資金の援助や特別な学費など、他の相続人とは別に、特別にもらった資金などが含まれます。ただし、新築祝いなどの交際費の意味合いが強いものや、その場限りの贈り物などは含まれません。

さらに、③相続人が受けた遺贈も特別受益に該当します。贈与の場合と異なるのは、遺贈がすべて特別受益に該当する点です。なお、遺贈された財産は、相続開始時まで被相続人に帰属していたものなので、相続開始時の財産に含むものとして扱われます（次ページ図）。

贈与や遺贈が多すぎる場合はどうか

特別受益にあたる贈与や遺贈が多すぎると、計算上の具体的相続分がマイナスとなる場合がありますが、この場合は自らの具体的相続分がゼロになるだけです。被相続人の自由意思による贈与や遺贈は、特別受益に該当するとしても、遺留分に反しない限り尊重されます。

居住用不動産の贈与・遺贈に対する「持戻し免除の意思表示」の推定に関する改正

被相続人が、自分の死後、残された配偶者が安心して暮らしていけるように、居住用不動産を贈与・遺贈するケースがあります。被相続人から相続人である配偶者が居住用不動産の贈与・遺贈を受けることは「特別受益」に該当します（前ページの②・③に該当します）。そのため、特別受益を全相続財産に持ち戻した上で、それぞれの相続人の具体的相続分を計算することになります。

たとえば、妻Ａ、子Ｂが相続人の場合で、被相続人から妻Ａへ居住用不動産（評価額2000万円）が贈与され、相続開始時の財産は預貯金2000万円のみとします。ＡＢの具体的相続分を算定する際は、贈与された居住用不動産2000万円も相続開始時の財産に含めて計算しますので、「居住用不動産2000万円＋預貯金2000万円＝4000万円」が全相続財産となります。そして、4000万円を法定相続分に応じて分配すると、Ａは2000万円、Ｂは2000万円となる結果、Ａの具体的相続分は特別受益（2000万円）を控除した「ゼロ円」となるので、Ａは預貯金をまったく相続できません。これでは、居住用不動産を確保できても、その後の生活に支障をきたしかねません。

2018年に成立した相続法改正では、Ａのような生存配偶者の生活保障を図る趣旨から、婚姻期間が20年以上の夫婦間でなされた贈与・遺贈のうち居住用不動産（建物やその敷地）については「持戻し免除の意思表示」があったと推定する規定が置かれました。つまり、居住用不動産の贈与・遺贈については、原則として居住用不動産の価額（特別受益）を持ち戻して計算する必要はないことになります。

本ケースでも、夫から妻Ａに生前贈与された居住用不動産2000万円の持戻しは不要となりますので、全相続財産は「預貯金2000万円」となるとともに、特別受益の控除も行われませんので、妻Ａは1000万円を相続します。これにより、生存配偶者の最終的な相続財産の取得分が増加しますので、生活の安定が図られるというわけです。

■ 特別受益者の具体的相続分の算定方法

（特別受益にあたる贈与 ＋ 相続開始時の財産（遺贈を含む））× 相続分（民法900条～902条）

みなし相続財産

（＝全相続財産） － 特別受益 ＝ 具体的相続分

（設　例）

被相続人Ａの子ＢＣＤの３人が相続人として存在し、相続財産が1000万円ある場合で、ＢがＡから200万円の特別受益に当たる生前贈与を受けていた場合、ＢＣＤ各自の具体的相続分はいくらとなるか。

相続開始時の財産 1000万円	Ｂの受けた贈与 （特別受益）200 万円

みなし相続財産

Ｂの具体的相続分：(200 万円＋1000 万円) × $\frac{1}{3}$ − 200 万円 ＝ 200 万

Ｃ・Ｄの具体的相続分：(200 万円＋1000 万円) × $\frac{1}{3}$ ＝ 400 万

7 寄与分を受けると相続分はどう変わるのか

寄与分は本来の相続分にプラスされる

財産形成に対する特別な貢献を評価する

相続人には相続分の他に寄与分という取り分があり、相続分に加えられることがあります。寄与分とは、被相続人の財産の維持または増加に「特別の寄与」（財産形成に対する特別な貢献）をした相続人（寄与者）に対して、本来の相続分とは別に、寄与分を相続財産の中から取得できるようにする制度のことです。

寄与分制度は、特別受益者の相続分と同様に、法定相続分の計算方法を修正して、相続人同士の実質的な公平を図るための制度です。

たとえば、配偶者としての貢献や親孝行などは、特別の寄与とは認められず、寄与分制度の対象になりません。しかし、被相続人に事業資金を提供したことで被相続人が倒産を免れた場合や、長期療養中の被相続人の看護に努めたことで被相続人が看護費用の支出を免れた場合などは、特別の寄与と認められ、寄与分制度の対象となります。

また、現行法上寄与分は相続人だけに認められる制度ですから、相続人でない人には寄与分が認められません。ただし、寄与分とは異なりますが、相続人がいない場合に、被相続人と生計を同じくしていた者（内縁関係の夫・妻など）や、被相続人の療養看護に努めた者などが「特別縁故者」（52ページ）に該当するとして、家庭裁判所の審判により、遺産の一部または全部の取得が認められることがあります。

寄与分の具体的な計算方法

寄与分の算出方法は、まず、相続財産の総額から寄与分を差し引いた「みなし相続財産」を決定します。次に、みなし相続財産を相続分に応じて分けて、寄与分は寄与者に与えます（次ページ図）。

たとえば、妻と長男、二男、長女の４人が相続人で、相続財産が2000万円、長男の寄与分が200万円である場合は、下記のように、寄与者である長男の相続分は500万円となります。

・相続財産…………2000万円－200万円＝1800万円
・妻の相続分………1800万円×２分の１＝900万円
・長女の相続分…（1800万円－900万円）×３分の１＝300万円
・二男の相続分…（1800万円－900万円）×３分の１＝300万円
・長男の相続分……300万円（本来の相続分）＋200万円（寄与分）＝500万円

なお、寄与分の割合について特段の定めはありませんが、相続財産の総額から遺贈の価額を控除した額を超えることはできません。

相続人以外の者の特別の寄与についての改正

寄与分制度は、相続人だけを対象とする制度であるため、次のようなケースにおいて、不都合が生じる場合があります。たとえば、父Ａが亡くなり、Ａには相続人として子Ｂと子Ｃがいて、Ｃの妻ＤがＡの生前の療養看護を担当していたという場合を考えてみましょう。仮にＡの財産が1000万円であったとすると、法定相続分に従うならば、相続人ＢとＣが各500万円ずつを相続します。しかし、日常生活におけるＡの世話を見てきたのはＤであるにもかかわらず、ＤはＡの相続に関して、何らかの主張ができないのでしょうか。

被相続人を献身的に介護したり、被相続人の家業に従事したりするなどして被相続人の財産の維持や増加に特別な貢献をした場合は、その貢献を寄与分として考慮して、相続分に上乗せすることが認められています。しかし、寄与分が認められるのは相続人に限定されるため、たとえ相続人の妻が被相続人を献身的に介護しても、その貢献は寄与分として認められません。したがって、本ケースにおけるＤは、寄与分を主張することはできません（Ｄの貢献を相続人Ｃの貢献と考えて、相続人Ｃの寄与分として認められる可能性はあります）。

こうした不公平な取扱いを是正するため、2018年の相続法改正では、本ケースのＤのように、相続人でない被相続人の親族が、無償で被相続人の療養看護などの労務の提供を行い、被相続人の財産の維持・増加に特別の寄与をした場合、そのような親族を特別寄与者として扱い、相続人に対して、相当額の金銭（特別寄与料）の支払いを請求できるとする規定が置かれました。

特別寄与料の請求ができるのは「相続人でない被相続人の親族」です。具体的には、被相続人の①６親等内の血族、②配偶者、③３親等内の姻族のうち、相続人、相続放棄をした者、相続欠格に該当する者、廃除された者を除く、特別の寄与をした者ということになります。本ケースのＤは、③（１親等の姻族）にあたるので、相続人Ｂ・Ｃに特別寄与料の支払いを請求できます。

また、相続法改正では、当事者間で特別寄与料についての協議が調わない場合は、家庭裁判所に処分の請求（特別寄与料を定める請求）をすることができるという規定も置かれました。

■ 寄与分のしくみ

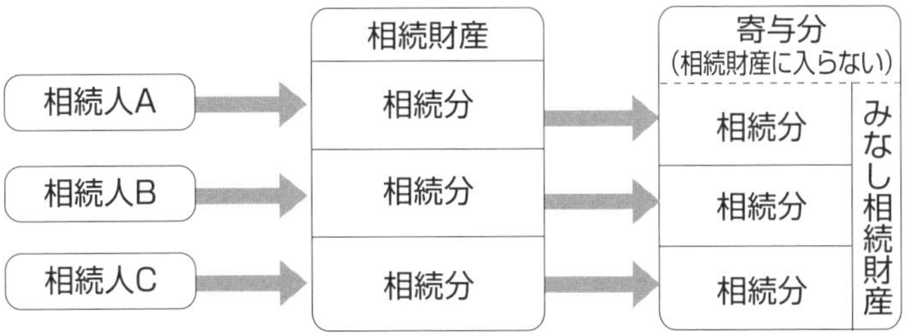

※寄与が認められた相続人Aは寄与分＋相続分を受け取ることができる

8 相続の承認と放棄について知っておこう

相続をするかどうかは相続人の自由

相続財産にはマイナスもある

相続財産（遺産）には、積極財産（プラスの財産）と消極財産（マイナスの財産）があります。たとえば、住宅ローンで家を買った場合は、家が積極財産、住宅ローンの残高が消極財産です。「家は相続するが、住宅ローンはいやだ」などというわがままは許されません。

相続人は、プラスの財産だけでなく、マイナスの財産も相続の対象になる（包括承継）ということを十分理解して、被相続人の相続財産を相続するのか、それとも放棄するのかを決める必要があります。

民法は相続財産を受け入れるか否かを、相続人の自由な選択に任せることにしています。

相続の承認には３つの方法があります。

１つは、相続財産を債務を含めて無条件かつ無制限にすべて相続することを認める場合で、これを単純承認といいます。一般に「相続する」というのは、単純承認のことを指します。

単純承認した場合には、被相続人の権利義務をすべて引き継ぐのが原則です（包括承継）。たとえマイナスの財産（義務）であっても、相続分の割合に応じて責任を負います。具体的には、相続人には相続債務（被相続人が負担していた債務）の弁済義務が生じます。なお、以下の３つのいずれかの場合には、単純承認をしたとみなされます。

① 相続人が相続開始を知った時から３か月以内に限定承認または相続放棄をしなかった場合

② 相続人が相続財産の全部または一部を処分した場合（短期賃貸借と保存行為は除く）

③　相続人が消極財産を相続しないために相続放棄や限定承認をした後であっても、相続財産の全部あるいは一部を隠匿したり消費した場合、または悪意で財産目録中に相続財産を記載しないなどの不正行為をした場合

条件つきで相続するのが限定承認

相続によって得た積極財産の範囲内で、被相続人の消極財産を負担するという条件つきの相続を限定承認といいます。限定承認は、負債額が不明な場合などに申し立てると、予想以上の借金などの債務を相続するリスクを回避できます。

限定承認が認められると、相続人は、相続財産だけでは相続債務の弁済について不足分があっても、自分の財産から弁済する義務はありません。ただし、限定承認の場合も、債務はいったん全部引き継ぎます。債務自体を引き継がない相続放棄とは違い、債務の弁済義務や強制執行（裁判所が権利者の権利内容を強制的に実現する手続き）が相

■ 限定承認の手続き

限定承認		
	申述書	家庭裁判所に備え付けの「相続限定承認申述書」の用紙に必要事項を記入して作成する（用紙は「家事審判申立書」でも可能）
	申述先	相続開始地（被相続人が死亡した住所地）を管轄する家庭裁判所
	申述する人	相続人全員。相続放棄をした人がいる場合はその人を除く全員
	期　限	自己のために相続の開始があったことを知った時から３か月以内。 ただし、相続財産の調査に時間がかかるような場合は、家庭裁判所に３か月の期間の伸長を請求することも可能
	添付書類	被相続人の戸籍（除籍、改製原戸籍）謄本、相続人全員の戸籍謄本、財産目録、相続人全員の印鑑証明書

続財産の範囲に限定される、というのが限定承認の特徴です。

限定承認については、相続人全員が一致して行わなければならないことに注意が必要です。したがって、１人でも「単純承認だ」という相続人がいる場合は、他の相続人も限定承認ができません。一方、相続人の中に相続放棄をした人がいる場合は、その人を除く全員が合意すれば限定承認ができます。

限定承認をするときは、相続開始を知った日から３か月以内に、家庭裁判所に対し「相続限定承認申述書」を提出します。財産目録に記載漏れなどがあった場合には、単純承認したものとみなされる場合があるので気をつけましょう。限定承認が認められると、家庭裁判所によって相続財産管理人が選ばれ、清算手続きをすべて行います。相続財産管理人には、相続人のうちの１人が選任されます。

清算手続き完了時に、残余財産があれば、遺産分割協議を行い、各相続人が相続財産を取得することになります。

相続を否定するのが相続放棄

マイナス財産だけでなくプラス財産も全て相続することを否定するのが相続放棄です。プラス財産よりもマイナス財産の方が多い場合や、相続争いに巻き込まれたくない場合、特定の相続人に遺産を集中させたい場合等に利用されます。

相続放棄は、相続の開始を知ってから（自分が相続人になったことを知ってから）３か月以内に家庭裁判所に相続放棄申述書を提出することが必要です。

相続人が未成年者や成年被後見人などの制限行為能力者（単独で法律行為を行う能力が制限されている人）の場合には、その法定代理人が制限行為能力者のために、相続の開始があったことを知った時から３か月以内に、相続放棄をするかどうか決める必要があります。

そして、相続放棄した人（放棄者）は、最初から相続人でなかったとみなされるので、その子や孫が代襲相続することはできません。放棄者は、相続放棄によって新たに相続人となる者が遺産の管理を始めるまでは、所持している遺産を管理する必要があります。

また、相続放棄があった場合は、放棄者以外の同順位の血族相続人が相続人となり、同順位が誰もいなければ、次順位の血族相続人が相続人となります。

相続分皆無証明書（特別受益証明書）と相続放棄

相続放棄はしないが、自分の相続分を他の相続人に譲るための方法があります。それが「相続分皆無証明書」を作成する方法です。

相続分皆無証明書（相続分がないことの証明書）とは、自分には特別受益（24ページ）があるから相続分がないので、他の相続人だけに相続を認めるという趣旨の証明書のことです。相続分皆無証明書を添付することで、他の相続人だけで不動産の相続登記を申請できるというメリットがあります。なお、相続登記申請をするには印鑑証明書の添付も必要ですが、相続分皆無証明書の作成当時の印鑑証明書でよいとされており、3か月以内などの期間制限はありません。

もっとも、自分だけが先順位者で配偶者もいない場合は、自分だけが相続人ということになるので、相続分皆無証明書を作成して後順位者に相続財産を譲ることはできません。この場合、後順位者に相続財

■ 相続放棄の手続き

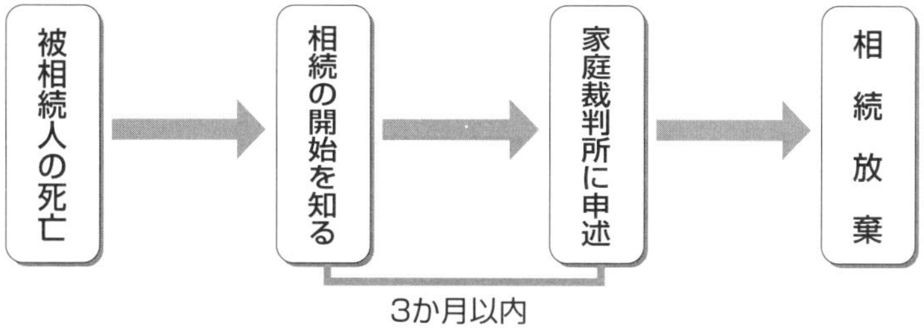

産を譲りたいのであれば、相続放棄をすることが必要です。

また、相続分皆無証明書は、特別受益があるといった事情により「自分には相続分がない」ことを証明するに過ぎず、借金などのマイナスの財産も含めて相続を否定する相続放棄とは意味が異なります。相続分皆無証明書を作成しても、借金などは法定相続分に応じて弁済義務を負担することに注意しなければなりません。借金などの負担を免れたいのであれば、相続放棄をすることが必要です。

相続分皆無証明書の偽造

相続分皆無証明書は紙と実印があれば比較的簡単に作成できることから、無断で相続分皆無証明書が作成されたり（相続分皆無証明書の偽造)、他の不動産の相続登記のために作成した相続分皆無証明書が流用されることがあります。相続分皆無証明書を作成する際は、相続を否定する対象不動産を明記することが大切です。

登記申請を受け付ける法務局は、偽造や流用であっても書類の記載や押印（本人の実印が押してあればよい）に不備がなければ、書類に記載された名義人が自分の相続分を否定したとみなしますから、名義人を除く他の相続人の名義で相続登記が行われてしまいます。もっとも、偽造した書類を添付した不正の登記は無効であることはいうまでもなく、刑法上の有印私文書偽造および同行使罪になります。

なお、不正の登記申請により、実際の所有者とは異なる名義で相続登記がなされた場合、正しい所有者名義に戻す手続きとして、所有権移転登記、真正な登記名義の回復、抹消登記の手続きなどがあります。

9 相続法改正で何が変わったのか

相続における生存配偶者の保護が重視されている

相続法改正の全体像

2018年の相続法の改正により、①生存配偶者の居住権に関する制度の創設や持戻し免除の意思表示の推定規定の新設の他、②預貯金の仮払い制度の創設など遺産分割制度の見直し、③自筆証書遺言の方式緩和や保管制度の創設などの遺言制度に関する見直し、④遺留分減殺請求の効力や遺留分の算定方法の見直し、⑤相続における権利義務の承継の見直し、⑥相続人以外の者の貢献を考慮する方策、という主に6項目において重要な改正が行われました。このうち、配偶者居住権（2020年4月1日施行予定）、自筆証書遺言の保管制度（2020年7月10日施行予定）を除き、すでに施行されています。

配偶者の保護に関する改正について

相続法改正では、配偶者を保護する制度として、①生存配偶者の居住権が創設された他、②婚姻期間が20年以上の夫婦間での贈与・遺贈について持戻し免除の意思表示を推定する規定が新設されました。

①　生存配偶者の居住権

生存配偶者の居住権を短期的な居住権（配偶者短期居住権）と長期的な居住権（配偶者居住権）に分けて、生存配偶者の居住権を認める制度が創設されました。

・配偶者短期居住権

配偶者短期居住権とは、相続開始時に、被相続人所有の居住建物に無償で居住していた生存配偶者が、一定期間に限り、その建物に無償で住み続けることができる権利のことです。

遺言や死因贈与がない場合は、遺産分割により誰が居住建物を取得するかが確定した日、あるいは相続開始時から６か月が経過する日のうちどちらか遅い日までの期間、引き続き生存配偶者が居住建物を無償で使用することを保障します。

これに対して、遺言や死因贈与で生存配偶者以外の者が居住建物を取得した場合は、その建物取得者が配偶者短期居住権の消滅を申し入れた日から６か月が経過する日までの期間、配偶者短期居住権が保障されますので、その間は無償で居住建物に住み続けることができます。

・配偶者居住権

配偶者居住権とは、相続開始時に被相続人の所有する建物に居住していた生存配偶者が、原則として自らが死亡するまでの間、その居住建物に無償で住み続けることができる権利のことをいいます。ただし、配偶者居住権を取得するのは、ⓐ遺産分割で配偶者居住権を取得したとき、ⓑ配偶者居住権が遺贈の目的とされたとき、ⓒ被相続人と生存配偶者との間に配偶者居住権を取得させる内容の死因贈与契約があるときに限られることに注意を要します。

②　遺産分割における配偶者の保護

相続法改正によると、婚姻期間が20年以上の夫婦の間でなされた遺贈あるいは贈与のうち居住不動産（居住建物と敷地）については「持戻し免除の意思表示」があったものと推定して、生存配偶者の居住を保障しています。

これによって、本来であれば、実際の相続分の計算において、持戻しが行われた場合には、その居住用不動産の価額が、生存配偶者の相続分から控除され、その他に相続できる財産の価額が少額になってしまうおそれがありましたが、居住用不動産が相続財産の対象から外されることで、生存配偶者は、居住用不動産に関係なく、その他の相続財産を相続することが可能になります。

その他の改正について

今回の相続法改正は、生存配偶者の保護措置が中心になっていますが、それ以外にも、以下の主要な改正点をおさえておく必要があります。

①　遺産分割制度の見直し

相続法改正では、相続人の利便性を図るため、預貯金の仮払い制度の創設と、遺産の一部分割に関する明文規定を置いた上で、遺産分割協議が調わない場合は家庭裁判所に一部分割を請求できるとする規定を設けるなど、遺産分割制度も大きく見直されました。とくに預貯金債権については、口座ごとに「預貯金債権額×自己の法定相続分×３分の１」という上限はありますが、遺産分割協議終了前であっても、相続人が単独で、被相続人の預貯金債権の払い戻しを受けることが可能になりました（預貯金の仮払い制度）。

②　遺言制度に関する見直し

かつては、自筆証書遺言を行おうとする場合、すべての事項を自筆で書かなければならない他、相続開始後に家庭裁判所の検認を受ける必要があるなど方式（様式）が厳格であるため、利用しにくいという問題点がありました。相続法改正では、自筆証書遺言の一部について自筆以外の記載を認めるなど方式を緩和するとともに、自筆証書遺言の保管制度を創設して、利用しやすくするしくみが整えられました。

自筆証書遺言の保管を担うのは法務局です。法務局は、自筆証書遺言の原本を保管するとともに、画像データとしても保管を行い、相続開始後に、相続人から自筆証書遺言書の閲覧や交付の請求が行われた場合には、自筆証書遺言の写しが交付されます。特定の相続人から、自筆証書遺言の写しの交付請求が行われた時点で、法務局からその他の相続人に対して、自筆証書遺言が保管されていたことが通知されるしくみになっています。自筆証書遺言の保管制度が整えられ、自筆遺言証書の紛失や、特定の相続人による隠匿などを防止できるとともに、遺言書の存在を把握することも容易になります。

③　遺留分制度に関する見直し

遺贈や贈与（生前贈与）により遺留分を侵害された兄弟姉妹を除く相続人は、自らの遺留分の保護を求めることができます。改正前は、遺留分を守るための手段である遺留分減殺請求権を行使すると、遺贈や贈与が遺留分を侵害する限度で失効する結果、遺留分減殺請求権を行使した人と遺贈や贈与を受けた人との間で、遺贈や贈与の目的とされていた財産の共有関係が生じました。そのため、土地や建物といった分割しにくい財産に共有関係が生じれば、その分割について争いが起こり、訴訟に発展することも少なくありませんでした。

相続法改正では、遺留分権利者は、受遺者や受贈者に対し、現物返還は請求できませんが、遺留分侵害額に相当する金銭の支払いを請求することが可能になりました。

この改正に伴い、遺留分を守るための手段が「遺留分減殺請求権」から「遺留分侵害額請求権」に名称変更されました。この他、相続人に対する贈与の取扱いを変更するなど、遺留分の算定方法の見直しも行われています。

④　相続の効力等に関する見直し

相続法の改正前は、相続人がその法定相続分を超えて財産（不動産、動産、債権など）を取得した場合、その取得を第三者に主張するために対抗要件（たとえば不動産であれば登記）が必要か否かが必ずしも明らかではありませんでした。

相続法改正では、どのような形で財産を取得したかを問わず、法定相続分を超える財産の取得については、たとえば不動産であれば登記などの対抗要件を備えていなければ、第三者に対して、財産を取得したことを主張できません。また、相続による義務の承継については、遺言により相続分の指定がされた場合であっても、相続債権者は、法定相続分に従って、各相続人に返済を請求することができます。

⑤　相続人以外の親族（特別寄与者）の貢献を考慮する方策

相続財産の維持や増加に貢献した（寄与といいます）相続人は、自身の本来の相続分に、寄与分を加えて相続することが可能です。

しかし、寄与分は相続人のみに認められるため、たとえば、相続人の妻（親族）が被相続人の療養看護に努めたとしても、寄与分として考慮されません。

とくに、被相続人の死亡時に、相続人がすでに亡くなっている場合、その配偶者は、被相続人の死亡によっても、相続人を通じて財産を取得することが一切できないので、被相続人の療養看護に勤めていた場合、ますます不公平感は大きくなっていました。

相続法改正では、相続人以外の親族が無償で、療養看護や労務の提供により被相続人の財産の維持または増加に貢献したときは、相続人に対して、特別寄与料の請求が認められています。

■ 相続人以外の親族（特別寄与者）の貢献を考慮する方策 ………

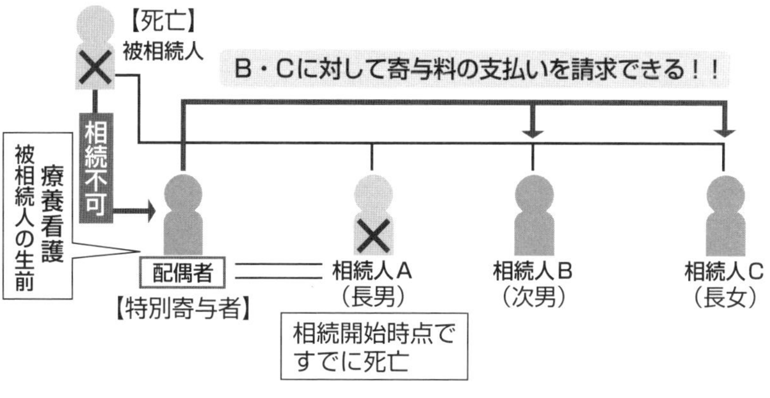

10 遺言書の役割について知っておこう

トラブル予防のために遺言書の作成は大切

遺言書は法的な効力を持つ

遺書には法的な効力がなく、遺言書には法的な効力があります。遺書は、家族などへのメッセージにはなりますが、たとえば、「妻に全財産を譲る」と書いても法的な効力はありません。一方、遺言書は、法的な効力を持つ公式な書類です。遺言には、普通方式と特別方式がありますが、一般的には普通方式によることになります。普通方式の遺言は、自分でいつでも自由に作成できます。一方、特別方式の遺言は、「死期が迫った者が遺言をしたいが普通方式によっていたのでは間に合わない」といったケースで認められる遺言です。具体的には、死亡の危急に迫った者の遺言、伝染病隔離者の遺言、在船者の遺言、船舶遭難者の遺言があります。普通方式の遺言には、自筆証書遺言、公正証書遺言、秘密証書遺言の３つがあります。実務上、秘密証書遺言はほとんど利用されていません。そのため、遺言書の作成は、自筆証書遺言か公正証書遺言によることになります。

①　自筆証書遺言

遺言者自身が自筆で遺言の全文・日付・氏名を書き、押印した遺言書です。他人の代筆やパソコンで作成したものは無効です。なお、相続法改正により、自筆証書遺言に添付する相続財産の目録は自筆を要しないことになりました（43ページ）。また、2020年７月10日以降は、法務局で自筆証書遺言を保管するサービスが開始される予定です。法務局に保管される自筆証書遺言書については家庭裁判所の検認手続きが不要になります。

②　公正証書遺言

遺言者が証人２人の立ち会いの下で口述した内容を、公証人が筆記し、遺言者と証人が承認した上で、全員が署名・押印して作成するものです。自筆証書遺言に比べ無効となる可能性が低く、紛失や偽造・変造のおそれが少ないことから公正証書での遺言作成が推奨されています。

遺言書がない場合に遺産分割協議をする

遺言書がないと、遺産相続の手続きの中で最も難しい遺産分割協議をする必要が出てきます。遺産分割協議をする際、死亡した人（被相続人）の財産や負債をすべて明らかにする必要がありますが、これには大変な時間と労力を要することも少なくありません。同様に、遺産相続に必要な書類の収集にも手間がかかる場合があります。

また、「法律どおりに財産を分ければ問題は起こらないはずだ」という考え方もありますが、不動産や自動車などのように、遺産の中身によっては簡単に分割できない場合も少なくありません。

そして、何よりも問題になるのは、遺産分割協議における相続人同士の話し合いです。お金がからむことですから、どんな争いが起こるか想像がつきません。どうしても話し合いで決着がつかない場合は、家庭裁判所の調停（裁判官１名と家事調停委員２名の下で相続人同士が話し合う手続き）に持ち込むことになり、それでも決着がつかなけ

■ 遺言書の種類

- **普通方式**
  - 自筆証書遺言
  - 公正証書遺言
  - 秘密証書遺言
- **特別方式**
  - 死亡の危急に迫った者の遺言
  - 伝染病隔離者の遺言
  - 在船者の遺言
  - 船舶遭難者の遺言

れば、家庭裁判所の審判（裁判官が一定の判断を示す手続き）に移行します。こうなると家族の絆も何もあったものではありません。残された家族には、一生消えないしこりが残ることになるでしょう。遺言書を作成することによって、被相続人が自らの意思を明確にしておけば、このようなトラブルを未然に防ぐことも可能なのです。

トラブル予防のための遺言書の書き方

遺言書が残されていても、遺産の一部にしか記載がないものや、「長男に遺産の3/4、次男に遺産の1/4を相続させる」といった相続分の割合しか指定されていない場合には、記載のない遺産についてや、具体的にどの財産を取得するかについて遺産分割協議が必要となります。これでは、相続人間の争いを未然に防止するために遺言書を作成した意味がなくなってしまいます。

そこで、相続争いを回避する目的で遺言書を作成する場合は、すべての財産について誰に何を取得させるかを明確に記載しておくことが大切です。また、兄弟姉妹以外の相続人には、遺留分が保障されていますので、各相続人の遺留分を侵害しない内容にとどめておくのがベストです。もし遺留分を侵害してしまう場合には、あらかじめ遺留分を放棄してもらうか（家庭裁判所の許可が必要）、遺言書の中に遺留分を請求しないようメッセージ（付言事項）を残しておくなど工夫が必要です。さらに、相続人以外に財産を遺贈するときは、必ず遺言執行者を指定しておくようにしましょう。

遺言書の作成と税金

遺言書の作成により、「財産が使えなくなる」「税金が課される」といったことはありません。遺言書を書いただけであれば、税金はかかりません。後に相続税の支払いが必要になることはありますが、相続税は、相続を受けた時点で相続人にかかるものです。

Q 自筆証書遺言の要件の緩和について教えてください

A 自筆証書遺言は、全文・日付・氏名を自書し、これに押印することによって作成されます（40ページ）。パソコンなどによる自筆証書遺言の作成は認められておらず、自筆証書遺言の作成に際しては自書能力が必要になります。しかし、判読不能な部分や介添人の意思が介入した場合などは無効となることから、せっかく自筆で遺言書を作成しても、その効力について争いが生じるケースも少なくありません。

とくに自筆証書遺言は死期が差し迫った状況で作成されることが多いことから、そうした中で全文自書を要求する改正前の規定は、その形式的要件（有効となるための方式）が厳しすぎるとの指摘がなされていました。つまり、自筆証書遺言は、いつでもどこでも作成できる利点がある一方、形式的要件が厳しすぎることが問題でした。

2018年の相続法改正においては、改正前よりも比較的容易に自筆証書遺言を作成できるように、形式的要件を緩和する方向で改正が行われています。

遺言書において、ある財産を特定の人に相続させ、または遺贈するためには、その財産を特定することが必要です。たとえば、土地の場合には、その土地の所在、地番、地目、地積といった事項を記載して特定する必要があります。また、銀行預金の場合には、銀行名だけでなく、支店名、口座の種類（普通または当座）、口座番号、口座名義人などを記載して特定する必要があります。

相続法改正では、これら財産に関する事項をすべて自書することは非常に煩雑であることから、財産目録を別紙として添付する場合は自書を不要とし、他人による代筆やパソコンによる入力の他、登記事項証明書や通帳の写しを添付しても有効と扱われることになりました。

つまり、相続法改正では、自筆証書遺言を遺言事項と財産目録とに分けて、遺言事項（全文・日付・氏名）については、改正前と同じく自書を要求しています。一方、財産目録（添付書類）については、自書を不要とすることで形式的要件を緩和しています。

ただし、自書によらない財産目録には署名押印の必要があり、これが複数ページに及ぶ場合は、すべてのページに署名押印が必要です。また、自書によらない財産目録が両面にある場合は、その両面に署名押印が必要です。これは形式的要件が緩和されることで、偽造や変造が容易になることを懸念しての措置となります。

なお、自書によらない財産目録の内容を変更（追加・削除・訂正）する場合は、遺言者が変更場所を指示し、その内容を変更した旨を付記し、これに署名押印しない限り、変更の効力は生じないとする規定が置かれています。

■ 自筆証書遺言の方式の緩和

改正前	改正法
すべての事項について自書が要求されていた	①財産目録を別紙として添付する場合は、自書でなくてもよく、パソコンなどで入力しても有効である ②第三者の代筆や、登記事項証明書、通帳のコピーなどを添付してもよい ③財産目録の各ページに署名押印が必要である（両面ある場合は、その両面に）

11 遺留分について知っておこう

遺留分は侵害できない

指定相続と遺留分

遺言による相続分の指定や遺贈、さらに生前贈与は、被相続人（遺言者）の自由ですが、すべての財産を被相続人が勝手に他人に譲渡してしまうようなことがあれば、残された相続人の生活や相続への期待が守られません。そこで、兄弟姉妹以外の相続人（遺留分権利者）には、遺言によっても影響を受けない遺留分（法律上決められている最低限の相続できる割合）が保障されています。

遺留分権利者全体に保障された遺留分（総体的遺留分）は、直系尊属だけが相続人の場合は相続財産の３分の１、それ以外の場合は相続財産の２分の１です。遺留分権利者が複数いる場合は、法定相続分に基づく各人の遺留分（具体的遺留分）を決めます。

遺留分算定の基礎となる財産

遺留分を算定する場合、その算定の基礎となる財産（基礎財産）を確定することが必要です。基礎財産は「相続開始時の財産（遺贈された財産を含む）＋生前に贈与した財産－借金などの債務」という計算式によって求めます。ただし、「生前に贈与した財産」は、相続人以外の人に対する贈与か、相続人に対する贈与かによって、遺留分の算定の基礎となる財産に含まれるかどうかの判断基準が異なります。

まず、相続人以外の人に対する贈与は、①相続開始前の１年間にした贈与と、②相続開始の１年前の日より前にした当事者双方が遺留分権利者に損害を与えることを知った上での贈与が含まれます。一方、相続人に対する贈与は、③相続開始前の10年間にした特別受益となる贈与と、④相続開始の１年前の日より前にした当事者双方が遺留分権利者に損害を与えることを知った上での贈与が含まれます。後述するように、相続人への贈与は①について改正がありました。

遺留分算定方法の見直しについて

改正前は、相続人に対する贈与については、特別受益にあたるものであれば、贈与の時期を問わず算入するのが判例の考え方でした。たとえば、被相続人Ａの相続人が妻Ｂと子Ｃであった場合、相続開始時の財産は０円ですが、Ａは30年前に1000万円を生計の資本としてＣに贈与しており、相続人以外のＤには400万円を遺贈していたとします。改正前は、30年前の贈与も特別受益であれば基礎礎産に含めるので、Ｂの遺留分は「(1000万円＋400万円) ×1/4＝350万円」となります。遺留分は「遺贈→贈与」の順に遺留分を侵害する範囲で効力が否定されるので、Ｂが遺留分減殺請求権を行使すると、Ｄは50万円しか取得できませんでした。

しかし、30年前のＣへの贈与が特別受益に該当せず、基礎財産に算入されないとすれば、ＢとＣはそれぞれ「400万円×1/4＝100万円」の遺留分を侵害されたことになるので、双方が遺留分減殺請求権を行使しても、Ｄは200万円の取得が可能でした。

このような改正前の考え方では、被相続人が何十年も前に行った相続人に対する贈与の価額が基礎財産に算入されるかどうかによって、相続人以外の受遺者・受贈者が受ける減殺の範囲が大きく変わることになり、法的安定性が害される危険性がありました。

そこで、2018年の相続法改正では、相続人に対する贈与は、原則として「相続開始前の10年間にした特別受益となる贈与」に限定する旨が明文化されました。これにより、前述の事例で30年前のＣへの生前贈与は、贈与に関わった者が意図的に遺留分権利者に損害を与えることを意図しない限り、遺留分算定の基礎財産から除かれます。また、負担付贈与がなされた場合、遺留分算定の基礎財産に算入するのは、その目的の価額から負担の価額を控除した額となります。

さらに、不相当な対価による有償行為（著しく廉価な価額で売却する行為など）がなされたときは、当事者双方が遺留分権利者に損害を与えることを知っていた場合に限り、不相当な対価を負担の価額とする負担付贈与がなされたとみなします。

以上をまとめると、相続法改正においては、遺留分侵害額を求める計算式を以下のように明文化したということができます。

- 遺留分額＝「遺留分算定の基礎財産の額」×「総体的遺留分」×「遺留分権利者の法定相続分」
- 遺留分侵害額＝「遺留分額」－「遺留分権利者が受けた特別受益の額」－「遺留分権利者が相続で取得した積極財産の額（遺贈分を含む)」－「遺留分権利者が相続により負担する債務の額」

受遺者等が相続債務を消滅させる行為をした場合

被相続人の事業を承継するため、債務を含めてすべての財産を承継した特定の相続人に対し、他の相続人が遺留分侵害額請求権を行使したとします。たとえ特定の相続人がすべて承継することになっても、相続債権者は、各相続人に対し法定相続分に応じた相続債務の弁済を請求できるため、遺留分権利者も相続債務を負っています。相続法改正では、受遺者等（受遺者や受贈者）が相続債務を弁済するなどして相続債務を消滅させた場合、受遺者等は、消滅した相続債務額の限度で、遺留分権利者に対し、遺留分侵害額請求権の行使により負担した金銭債務の消滅を請求できることが規定されました。

12 遺留分が侵害された場合や遺留分の放棄について知っておこう

相続法改正で遺留分侵害に対し金銭支払請求だけが可能になった

遺留分侵害額請求とは

遺留分が侵害されたとわかった場合、遺留分権利者は、遺贈や贈与を受けた相手方（受遺者や受贈者）に対して、自らの遺留分の回復を請求することができます。遺留分権利者が侵害された遺留分の回復を請求することを遺留分侵害額請求といいます。遺留分権利者が遺言どおりでよいと考えるのであれば、遺留分侵害額請求をしなくてもかまいません。

遺留分侵害額請求をするとの意思を示す方法については、とくに決まりはなく、遺留分を侵害している相手方に対して、遺留分侵害額請求権を行使する意思表示をすれば足ります。

遺留分侵害額請求は、まず遺贈について行います。遺贈が複数ある場合で、遺贈のみで遺留分の侵害が解消されるときは、遺贈全体について財産の取戻し対象となる財産の価格に応じて請求を行います。遺贈のみで遺留分の侵害が解消されない場合は、贈与（生前贈与）を対象に遺留分侵害額請求を行います。贈与については「後の贈与」（一番新しく行われた贈与）から順番に、遺留分の侵害が解消されるまで、遺留分の回復が行われます。

なお、相続人に対する特別受益に該当する贈与は、相続分の前渡しとみなされます。この場合の贈与は、原則として10年前までの贈与が遺留分侵害額請求の対象となりますが、他の相続人の遺留分を害することを知りながら贈与した場合に限るという制限はありません。

遺留分侵害額請求権の消滅

遺留分侵害額請求権の行使期間は１年間です。この「１年間」の計算については、相続開始および遺留分を侵害する贈与や遺贈があったことを知った日から数え始めます。ただし、相続開始または遺留分を侵害する贈与や遺贈があったことを知らずにいたとしても、相続開始日から10年を経過したときは、遺留分侵害額請求権が消滅します。

どのように遺留分侵害額請求を行うのか

遺留分侵害額請求をしたい遺留分権利者は、各自で意思表示をしなければなりませんが、時効による権利消滅を防ぐため、通常は配達証明付内容証明郵便で請求します。その場合、遺留分を侵害している受遺者や受贈者の全員に対して送付します。交渉が困難な場合は、家庭裁判所の調停や、訴訟の提起を通じて請求することになります。

■ ケース別で見る遺留分権利者の遺留分

	配偶者	子	直系尊属	兄弟姉妹
①配偶者と子がいる場合	(1/4)	(1/4)		
②子だけがいる場合		(1/2)		
③配偶者と父母がいる場合	(1/3)		(1/6)	
④父母だけがいる場合			(1/3)	
⑤配偶者だけがいる場合	(1/2)			
⑥配偶者と兄弟姉妹がいる場合	(1/2)			(0)
⑦兄弟姉妹だけがいる場合				(0)

遺留分侵害額請求の効果

2018年の相続法改正より前は、遺留分侵害額請求は、遺留分減殺請求と呼ばれていました。遺留分減殺請求権を行使すると、遺贈や贈与は遺留分を侵害する限度で失効し、原則として減殺された限度で、その財産は遺留分権利者のものとなりました。ところが、これに従うと、相続財産が不可分な不動産などである場合、複数の相続人による共有関係になってしまいます。そのため、事業用の不動産を相続する場合などに、単独の相続人（後継者）が事業を継続するのに支障が生じるといった不都合が指摘されていました。

そこで、遺留分侵害額請求権を行使しても、遺留分権利者に財産の所有権は帰属せず、遺留分侵害額相当の金銭債権が発生するという制度がとられています。つまり、遺留分権利者が遺留分侵害請求権を行使しても、遺留分権利者は、受遺者や受贈者に対して、財産の返還を請求することはできず、遺留分侵害額に相当する金銭の支払いを請求できるにとどまるわけです。

なお、資力不足などで、受遺者や受贈者が遺留分侵害額請求による金銭債務の支払いができない場合は、裁判所に請求することで、相当期間支払の猶予を受けられるしくみも整えられています。

遺留分の放棄には家庭裁判所の許可が必要

遺留分権利者は、被相続人の生前に遺留分を放棄することもできます。その場合、家庭裁判所の許可が必要になります。

たとえば、ある人が生前に、配偶者に主要な財産を残したいと思った場合には、相続人になる見込みの人たちと話し合って遺留分を放棄してもらう方法があります。そして実際に、遺留分権利者が、被相続人の生前に遺留分を放棄するには、遺留分権利者自らが、家庭裁判所に対し「遺留分放棄許可審判申立書」を提出して、遺留分放棄の許可を得なければなりません。

もっとも、被相続人の生前に自由な遺留分の放棄を認めると、被相続人や他の推定相続人により強制的に遺留分を放棄させられるおそれがあります。そこで、申立書が提出されると、家庭裁判所は審問期日に放棄を申し立てた本人の出頭を求め、審判官（裁判官）が真意を審問します。具体的には、遺留分とその放棄についての質問があります。そして、放棄が遺留分権利者の自由意思によるものかどうかや、放棄する理由などについての質問があります。そして、放棄の理由が妥当と判断されれば、遺留分放棄の審判があり、審判書が交付されます。この審判に異議を申し立てることはできません。

相続開始後の遺留分の放棄

相続開始後は、遺留分を自由に放棄することができます。遺留分の放棄の方法については、特段の規定がありませんので、遺留分を放棄する旨を遺産分割協議の場で意思表示をしても有効です。

ただし、相続財産（遺産）の存在など事実関係の認識を誤ったり、他の相続人により騙されて遺留分を放棄した場合には、遺留分の放棄も含めた遺産分割協議の無効などが問題になる場合があります。

■ 遺留分放棄をするには

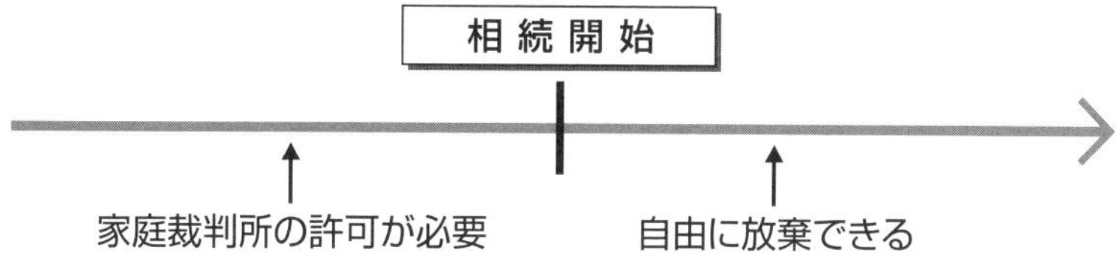

Q 特別縁故者とはどんな制度なのでしょうか。手続きについても教えてください。

A 一連の手続きにより相続人の不存在が確定した場合には、特別縁故者への相続財産の分与があります（民法958条の３）。特別縁故者とは、被相続人と一定の特別の縁故があった人のことです。内縁関係の夫や妻、生計を同じくしていた者、療養看護に努めた者などがこれにあたるとされています。

特別縁故者は、財産分与請求の申立てを家庭裁判所に起こすことができます。申立てができるのは、相続人不存在の公告期間（６か月）の満了後３か月以内です。特別縁故者への財産分与の手続きは、特別縁故者からの申立てにより、被相続人の住所地の家庭裁判所が、特別縁故者の種類、財産内容、縁故の度合い、生活状況など一切の事情を考慮して、分与を認めるか否かと、分与を認める場合は、その内容、程度を決めることになります。なお、相続人不存在で、贈与、死因贈与、遺贈もなく、その他の債権者がまったくいないときは、残余財産が生じる場合があります。この場合、特別縁故者への財産分与が認められないときは、残余財産は国庫に収納されます。

■ 特別縁故者

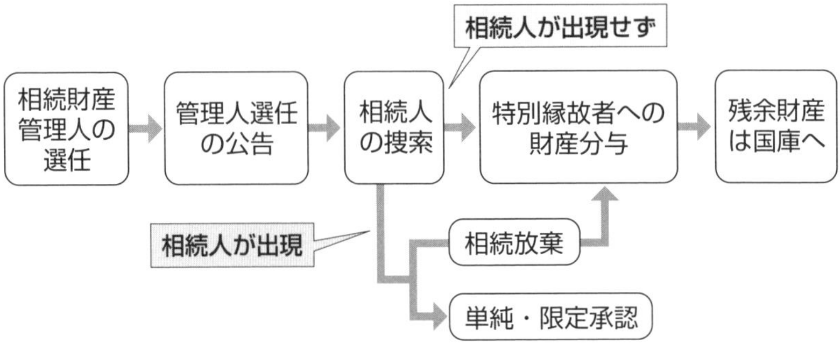

第2章

遺産分割のしくみと相続開始後の手続き

1 相続開始から遺産分割までの流れを知っておこう

相続開始から10か月以内がひとつの目安

遺産分割協議自体に期限はない

相続放棄は３か月以内、相続税は10か月以内と相続手続きの中には期限が設けられているものがありますが、遺産分割協議自体には、期間制限はありません。ただし、配偶者の税額軽減や居住用宅地の特例といった相続税の優遇措置を受けるには、被相続人の死亡を知った日の翌日から10か月以内に遺産分割協議を成立させておく必要があります。

どうしても10か月以内に遺産分割協議がまとまらない場合は、法定相続分で相続した形で税申告をし、その際に分割見込書を添付しておく方法もあります。こうしておけば、３年以内に遺産分割協議がまとまれば、還付申告をすることもできますが、結局のところ二度手間となってしまいます。そのため、遺産分割協議は10か月以内をひとつの目安としてタイムスケジュールを立てておくとよいでしょう。

相続財産の調査は３か月以内に終わらせたい

遺産分割に先立ち、相続人の調査と相続財産の調査が必要となります。

相続財産には、不動産や預貯金といったプラスの財産だけでなく、借金や連帯保証債務などのマイナスの財産も含まれるため、遺産の総額によっては、相続をしてしまうと相続人にとって不利益になることもあります。そこで、民法では、相続をするかどうかは相続人の自由な判断に任せ、自分が相続人となったことを知ったときから３か月以内であれば、家庭裁判所の手続きを利用することで相続を放棄したり、条件付きで相続をすること（限定承認）ができるとしています。

この３か月という期間は「熟慮期間」とよばれ、熟慮期間内に相続放棄や限定承認の手続きがとられない場合は、相続を承認したものとみなされます。そのため、相続財産の調査は遅くとも、相続開始から３か月以内に終わらせておくのがベストです。ただ、被相続人が事業をしていた場合や、被相続人と疎遠であった場合などは、３か月という限られた時間で遺産を調査するのは難しい場合もあります。そのような事情がある場合は、３か月が経過する前に、家庭裁判所に「相続の承認又は放棄の期間の伸長の申立て」をしておけば、３か月の熟慮期間を伸長してもらえる可能性があります。

遺言書の有無の確認も忘れずに行いたい

相続では、遺言が優先されますので、相続が開始すれば、相続人や相続財産の調査と並行して、遺言書の有無の確認も忘れずに行うようにしましょう。遺言書ですが、公正証書で作成されたものであれば、「遺言検索システム」を利用して遺言書の有無を調べることができます。

平成元年以降に公正証書遺言が作成された場合、公証人は遺言者の氏名、生年月日、遺言書作成日等を日本公証人連合会に報告し、連合

■ 相続の承認又は放棄の期間の伸長の申立て ……………………

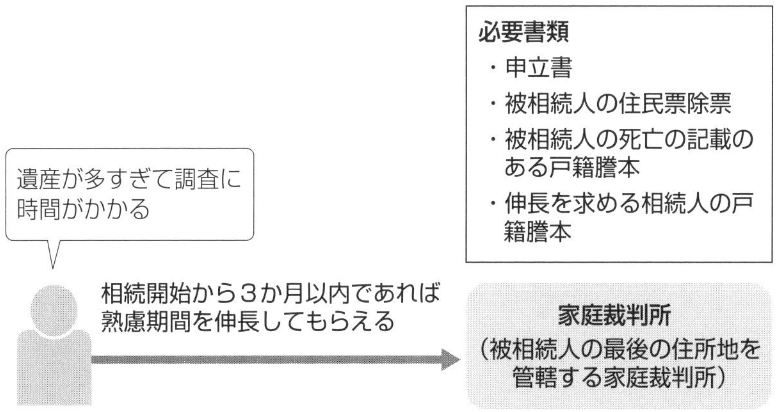

会ではこれらの情報をデーター化して一元的に管理しています。この管理システムが遺言検索システムで、全国どの公証役場でも必要書類を提出すれば遺言書の検索・照会を行ってもらうことができます。費用は無料ですが、遺言書の謄本を複写するには１ページにつき250円の費用がかかります。

一方、自筆証書遺言については、相続法の改正により法務局での保管制度が新設されましたが、実際に始動するのは2020年７月10日以降になります。そのため、それ以前に作成された自筆証書遺言については、被相続人の自宅や貸金庫などを調査するしか方法がありません。なお、自筆証書遺言が見つかった場合は、勝手に開封せず、必ず家庭裁判所で検認手続きを行うようにしましょう。

■ 遺言検索システム

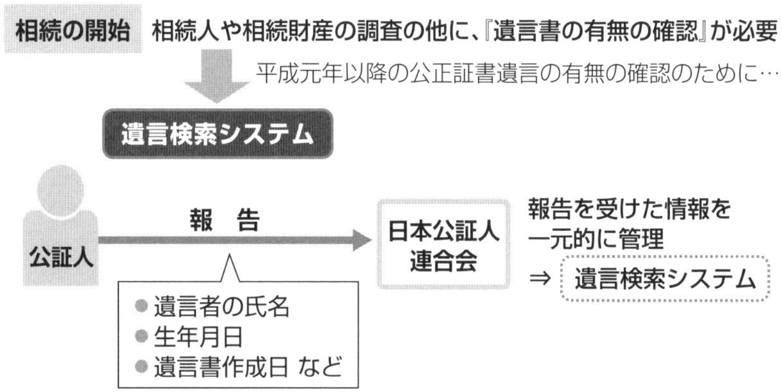

★ 全国どの公証役場でも必要書類を提出すれば遺言書の検索・照会を行ってもらうことが可能

⇒ 利用にあたり費用は無料。
遺言書の謄本を複写するには１ページにつき250円の費用がかかる

2 遺産の調査方法はどうやって行えばよいのか

相続財産の探し方をつかもう

遺産の調査方法

遺産分割協議後に、新たに遺産が発見されると、見つかった遺産について再度、遺産分割協議が必要となり、手続きが煩雑化してしまうおそれがあります。また、3か月の熟慮期間経過後に、借金などの負債が発覚した場合には、相続放棄が認められない可能性があるため、遺産の調査は、慎重に行う必要があります。

では、遺産はどうやって探せばよいのでしょうか。

①　不動産

不動産の調査は、名寄帳を手がかりに行うのが有効です。名寄帳とは所有者ごとの不動産を一覧表にまとめたもので、固定資産課税台帳とも呼ばれます。名寄帳は、不動産の所在地にある市区町村役場の固定資産税課に対し請求をすることで交付してもらうことができます。取得先の役所がわからないときは、固定資産税の納税通知書を見れば、請求先の役所がわかります。この納税通知書でも、被相続人が所有する不動産を調査することはできますが、非課税の不動産は記載されないため、念のため、名寄帳も取得しておくことをお勧めします。

②　預貯金

預貯金の調査は、まず、被相続人名義の預金通帳で確認をとります。金額が確定できない場合は、金融機関から被相続人の死亡日の残高証明書を取り寄せて調査します。

通帳を紛失していたり、保管場所がわからない場合は、被相続人が生前取引していたと思われる金融機関に口座の有無の照会を行うこともできます（支店ごとだけでなく、全支店に照会をかけてもらうことも可能です)。

なお、年金の振り込み口座については、相続人であることを証明して年金事務所に問い合わせをすれば、口座を教えてもらえます。

③　株式・有価証券

証券会社からの通知を手がかりに口座照会を行います。

④　借金

銀行や消費者金融、クレジット会社からの借入については信用情報機関に問い合わせをすることで借金の有無や額を調査することができます。信用情報機関には、JICC（日本信用情報機構)、CIC（割賦販売法・貸金業法指定信用情報機関)、JBAないしはKSC（全国銀行個人信用情報センター）の３つがあります。

JICCは主に消費者金融・信販会社の信用情報を、CICはクレジット会社・信販会社の信用情報を、JBAは銀行と銀行系カードの信用情報を取り扱っており、必ず３社の信用情報を取り寄せるようにしましょう。

親族や知人など個人からの借入については信用情報を調べてもわかりませんので、借用書が残されていないか、書類や手紙を入念に調べる必要があります。

なお、借金は、貸主が権利を行使することができることを知った時から５年（もしくは権利を行使できる時から10年のいずれか早い方）で消滅時効にかかります（債権法改正前は、個人間の借金については10年)。信用情報に延滞情報が載っている場合は、金融機関に取引履歴を取り寄せて、最終返済日を確認するようにしましょう。また、平成19年以前の借入で、借入期間が長い場合は過払い金が発生している可能性がありますので、念のため、取り寄せた信用情報を弁護士や司法書士などの専門家に見てもらうとよいでしょう。

3 遺産の範囲について知っておこう

遺産分割の対象となる遺産の範囲が問題になることもある

相続の対象となる財産とならない財産

相続開始時に、被相続人が所有していたすべての財産が相続の対象になりますが、年金受給権や自動車の運転免許証、医師や弁護士などの職業資格といった特定の個人のみに属する資格や権利（一身専属権）は、相続の対象とはなりません。また、お墓や墓地、位牌などの祭祀財産も相続財産から除外され、祭祀主宰者に承継されることになります。

生命保険金は相続財産に含まれるか

保険金の受取人として誰が指定されているかにより異なります。契約者である被相続人が被保険者でかつ受取人に指定されている場合は、被相続人は自己のために生命保険契約を締結したものと考えられますので、保険金請求権は相続財産に含まれることになり、遺産分割の対象となります。

一方、保険金受取人として特定の相続人が指定されている場合は、指定された相続人の固有の請求権となりますので、相続財産には含まれません。ただし、特定の相続人が受け取る保険金の額が著しく高額で、他の相続人との間に看過できないほどの不公平が生じる場合は、受け取った保険金を「特別受益」として取り扱う場合があります。

また、受取人として単に「相続人」とだけ指定されている場合にも、相続人固有の請求権と考えられ、相続財産とはなりません。この場合、生命保険の約款に相続人間で均等の額で配分する旨の記載があれば均等額で、そのような記載がない場合は法定相続分に応じた保険金を各相続人が受け取ることになります。

なお、受取人固有の財産とされる場合であっても税法上、生命保険金や死亡退職金は、その金額が「500万円×法定相続人の数」を超える場合には、みなし相続財産として相続税が課税されますので注意が必要です（198ページ）。

死亡退職金は相続財産となるか

死亡退職金とは、被相続人が在職中に死亡した場合に支給される被相続人の退職金です。退職金は給料とは異なり、必ずもらえる性質のものではありません。退職金請求権が権利となるためには、退職金の支払について、就業規則、退職金規程その他の会社の規程にあるか、雇用契約において定められていなければなりません。

死亡退職金が支給される場合、支給された退職金が相続財産となるかどうかは、就業規則や退職金規程などによって受取人の指定があるか否かで異なります。会社の就業規則等で受取人が定められていない場合は、退職金の請求権は被相続人本人が取得し、その請求権を相続人が相続財産として引き継ぐことになります。

一方、受取人の指定がある場合には、相続財産には含まれず、指定された者が固有の権利として請求することができます。

香典や慰労金はどうか

香典や弔慰金は相続財産には含まれず、葬式費用に充てた後、なお余りがあれば喪主が自分の裁量によってその使い方を決定してもよいとされています。

なお、弔慰金の名目で贈られた金銭が死亡時の賃金や勤続年数を基準に定められた金額である場合には、実質的には死亡退職金と考えられますので、これと同様の扱いをすることになります。

4 遺産の範囲に争いがある場合

遺産の範囲に争いがある場合は訴訟になることもある

特定の相続人しか遺産を把握していない場合はどうなるか

相続が発生しても、特定の相続人だけが遺産を把握しており、他の相続人が遺産内容を把握できない場合があります。相続税の共同申告を行えば、遺産内容を把握できますが、相続税は各自で申告もできます。この場合は、特定の相続人から遺産内容を教えてもらい、相続税申告書があればそれを開示してもらうようにします。しかし、相続税申告書や遺産の開示を拒否された場合は、自分で調べる他ありません。不動産については、名寄帳（固定資産課税台帳）を閲覧謄写し、預貯金や証券については、相続人として思い当たる銀行・証券会社に行って、相続人として開示請求をすることになります。

また、家庭裁判所の遺産分割調停の手続きでは、調停委員会を通じて粘り強く相続財産の開示を求めることもあります。しかし、家庭裁判所は、基本的には「当事者にわからないものは、裁判所にもわからないので、遺産探しはしない」というスタンスですから、調停の手続きで遺産探しをするのは難しいと認識してください。家事調査官が遺産調査をすることもあり得ません。家庭裁判所を通じて税務署に相続税申告書の開示を求めても、税務署は守秘義務を理由に開示を拒否します。相続税申告書の開示は、相手の協力がない限り不可能です。

遺産の範囲を確定するには

遺産分割をするには、まず被相続人の遺産は何か、つまり遺産の範囲を確定し、次に遺産の評価額を確定します。その上で、各相続人の具体的相続分（特別受益や寄与分を加味して算定される相続の割合のこと）を確定し、最後に誰がどの遺産を取得するかを決めます。

遺産分割の協議や調停においても、分割対象となる遺産の範囲を確定する必要があります。しかし、しばしば遺産の範囲について争うことがあります。とくに動産や無記名の証券など名義がはっきりしないものは争いが起こりがちです。不動産の所有権についても、登記をしていないケースなどでは、争いが生じることがあります。

たとえば、第三者との間で証券や土地所有権の帰属について争いが生じた場合、調停や訴訟などによって証券や土地所有権が被相続人に帰属することが確定して、初めて遺産として分割対象となります。このような争いは、第三者との間に限らず、相続人同士でも生じる場合があります。税金対策で名義変更していた場合は、その土地が遺産か特定の相続人の所有物かをめぐって争いになることもあります。

この場合、遺産分割の調停で遺産の範囲が合意できなければ、遺産分割の審判を待たずに調停を取り下げ、地方裁判所に遺産確認の訴訟を提起し、判決により遺産の範囲が確定した後に、再度、遺産分割調停を申し立てます。家庭裁判所も遺産分割の審判をする際に、遺産の範囲を判断しますが、その判断には拘束力がなく（審判では遺産の範囲が確定しない)、遺産の範囲は訴訟でしか確定できないからです。

これに対し、相続人全員が遺産分割の審判で遺産の範囲を判断することに同意し、家庭裁判所も判断可能と考えたときは、遺産分割の審判をする前提問題として、遺産の範囲を確定することになります。

5 相続人の確定作業をする

被相続人の出生から死亡までの戸籍を集めて相続人を確定する

戸籍を元に相続人を確定する

相続人が誰かを調査するには、被相続人の出生から死亡までの連続した戸籍（戸籍謄本、除籍謄本、改製原戸籍）の取得が必要になります。戸籍には、本籍（戸籍の所在場所）の他、その戸籍に記載されている各人について、氏名、出生年月日、戸籍に入った原因および年月日、実父母の氏名および実父母との続柄などの情報が記載されています。

戸籍を取得するには被相続人の本籍地を把握する必要があります。本籍地がわからない場合には、まず、被相続人が亡くなった当時の住所地にある市区町役場で住民票の除票を請求して、本籍地を調べます。このとき、窓口で本籍地の記載のある住民票（除票）が必要であることを伝えます。住民票が取得できれば、次に住民票に記載されている本籍地にある市区町村役場に保管されている戸籍のすべてを請求し、現在から過去へ戸籍をたどっていくことになります。本籍地を移転している場合は、転籍後の戸籍に転籍前の本籍が記載されていますので、転籍前の本籍地にある市区町村役場に戸籍（除籍・改製原戸籍）を請求し、出生から死亡までつながるように、戸籍を集めていきます。戸籍を請求する市区町村役場が遠方にある場合は、郵送による請求もできます。

こうして収集した戸籍から、相続人は誰かを割り出していくことになります。もっとも、戸籍から相続人を確定することができても、相続人の中に未成年者や認知症の人、行方不明者などがいる場合は、そのままでは遺産分割協議をすることができません。

戸籍を取得するには

相続の場合など、本人以外が戸籍謄本の交付を請求する場合、原則として、戸籍に記載されている人の配偶者、直系尊属（父母や祖父母など）、直系卑属（子や孫など）が請求を行わなければなりません。これら以外の人が戸籍謄本の交付を請求する場合には、「自己の権利を守るため」など、交付を受けるに値する正当な理由を示さなければなりません。なお、弁護士、司法書士、税理士、社会保険労務士、行政書士などの専門職は、業務を遂行する上で必要な場合に限り、戸籍謄本の交付を請求することができます。

また、戸籍の取得には、一般に、手数料分の定額小為替証書、返送用切手、宛名を書いた返送用封筒、本人確認書類のコピーなどが必要になります。戸籍に関する書類は、戸籍謄本（戸籍全部事項証明書）と戸籍抄本（個人事項証明書）が１通450円、除籍謄本（除籍全部事項証明書）と除籍抄本（除籍個人事項証明書）が１通750円です。一方、戸籍の附票などは、各市区町村によって手数料が異なります。

■ 戸籍の請求手続き

被相続人の本籍地が分からない場合

❶ 被相続人が亡くなった当時の住所地にある市区町村役場で住民票の除票を請求して、本籍地を調べる

↓

❷ 住民票に記載されている本籍地にある市区町村役場に保管されている戸籍のすべてを請求し、現在から過去へ戸籍をたどっていく

※本籍地を移転している場合

転籍後の戸籍に転籍前の本籍が記載されているため、転籍前の本籍地にある市区町村役場に戸籍（除籍・改製原戸籍）を請求し、出生から死亡までつながるように戸籍を集める

6 相続人の中に未成年者がいる場合について知っておこう

家庭裁判所で特別代理人を選任してもらう必要がある

親権者と子どもが相続人となるケース

未成年者が法律行為をするには親権者などの法定代理人の同意が必要とされています。遺産分割も法律行為であるため、親権者が未成年の子を代理して遺産分割協議を行うことになります。ただし、親権者と未成年の子がともに相続人となるケースでは、親権者と未成年の子は利害が対立する関係にあるため、未成年の子のために特別代理人の選任が必要となり、選任された特別代理人が未成年の子に代わって遺産分割協議に参加することになります。特別代理人の選任をせずに遺産分割協議を行った場合は無効となりますので注意が必要です。

特別代理人の選任は、未成年の子の住所地を管轄する家庭裁判所へ申し立てることにより行います。申立書には、申立人と未成年者の氏名住所等の他に、特別代理人候補者を記載する欄が設けられおり、申立人が誰を特別代理人とするかを指定することができます。一般的には、未成年の子からみて叔父叔母や祖父母などの親族が特別代理人に選任されるケースがほとんどです。

申立てには申立書の他、未成年者、親権者の戸籍謄本、特別代理人候補者の住民票に加え、遺産分割協議書案を添付します。遺産分割協議書案では、未成年者についても法定相続分を確保した内容であることが原則ですが、事案によっては法定相続分よりも少ない、あるいはまったく取り分のない遺産分割も認められる場合もあります。この場合には未成年者の相続分を減らす理由を書いた上申書を作成し、提出することになります。

申立て後、しばらくすると、申立人と特別代理人候補者に対し、家庭裁判所から照会書が届きます。この照会書には、申立てを行ったいきさつや未成年者と特別代理人候補者との関係（続柄）、候補者が特別代理人として適任であることの理由などいくつかの質問事項が記載されています。これらすべての事項に回答した上で、照会書を家庭裁判所へ返送し、問題がなければ、1週間程度で申立人宛てに特別代理人の選任を伝える審判書が送られてきます。審判後に、選任された特別代理人と他の相続人全員で遺産分割協議案通りに遺産分割協議書を作成し、全員で署名・捺印をすれば、遺産分割協議が成立します。

胎児がいる場合

相続において胎児はすでに生まれたものとみなされますので、胎児を除外して行った遺産分割協議は無効になると考えられています。そのため、胎児の出生を待って特別代理人選任の申立を行い、その代理人と遺産分割協議をするのが一般的です。

■ 親権者と子どもが相続人となるケース

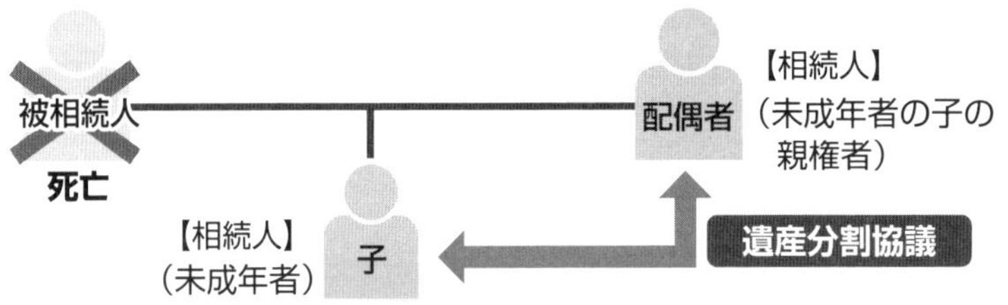

★ 法律行為をするには親権者などの法定代理人の同意が必要
⇒遺産分割も法律行為であるため、親権者が未成年の子を代理して遺産分割協議を行う（原則）

（しかし…）　親権者と未成年の子がともに相続人となるケースでは、親権者と未成年の子は利害が対立する関係にある

∴未成年の子のために 特別代理人 の選任が必要となり、選任された特別代理人が未成年の子に代わって遺産分割協議に参加する

書式　特別代理人の選任申立書

受付印		特 別 代 理 人 選 任 申 立 書
		（この欄に収入印紙800円分を貼ってください。） （貼った印紙に押印しないでください。）
収 入 印 紙　円		
予納郵便切手　円		

準口頭		関連事件番号　平成・令和　　年（家　　）第　　　　号

東　京　家庭裁判所 御中 令和 ◯ 年 ◯ 月 ◯ 日	申 立 人 の 記 名 押 印	甲 野 乙 男　　印

添付書類	（同じ書類は1通で足ります。審理のために必要な場合は，追加書類の提出をお願いすることがあります。） ☐ 未成年者の戸籍謄本(全部事項証明書)　☐ 親権者又は未成年後見人の戸籍謄本（全部事項証明書） ☐ 特別代理人候補者の住民票又は戸籍附票　☐ 利益相反に関する資料（遺産分割協議書案，契約書案等） ☐（利害関係人からの申立ての場合）利害関係を証する資料 ☐

申立人	住　所	〒 ◯◯◯ − ◯◯◯◯　電話　◯◯（◯◯◯◯）◯◯◯◯ 東京都渋谷区上原◯丁目◯◯番◯◯号（　　方）			
	フリガナ 氏　名	甲 野《コウノ》 乙 子《オツコ》	昭和・(平成)・令和 ◯年◯月◯日生（◯◯歳）	職業	な し
	フリガナ 氏　名		昭和・平成・令和　年　月　日生（　　歳）	職業	
	未成年者との関係	※　1 父 母　2 父　(3) 母　4 後見人　5 利害関係人			
未成年者	本　籍 （国　籍）	東 京 (都)・道・府・県　東京都渋谷区上原◯丁目◯◯番◯◯号			
	住　所	〒　−　電話　（　　） 申立人の住所地と同じ（　　方）			
	フリガナ 氏　名	甲 野《コウノ》 丙 太 郎《ヘイタロウ》	(平成)・令和 ◯ 年 ◯ 月 ◯ 日生（◯◯歳）		
	職　業 又は 在 校 名	◯ ◯　中学校			

（注）　太枠の中だけ記入してください。　※の部分は，当てはまる番号を◯で囲んでください。

申立ての趣旨
特別代理人の選任を求める。

申立ての理由	
利益相反する者	利益相反行為の内容
※ ①親権者と未成年者との間で利益が相反する。 2 同一親権に服する他の子と未成年者との間で利益が相反する。 3 後見人と未成年者との間で利益が相反する。 4 その他（ ）	※ ①被相続人亡 甲野一郎 の遺産を分割するため 2 被相続人亡 の相続を放棄するため 3 身分関係存否確定の調停・訴訟の申立てをするため 4 未成年者の所有する物件に 1 抵当権 2 根抵当権 を設定するため 5 その他（ ） （その詳細） 申立人の夫、未成年者の父である被相続人亡甲野一郎（令和○○年○月○日死亡）の遺産につき，遺産分割の協議をするため。

特別代理人候補者					
	住所	〒○○○－○○○○ 東京都新宿区荒木町○○番地の○	電話 ○○（○○○○）○○○○ （ 方）		
	フリガナ 氏名	オツヤマ ジロウ 乙山 二郎	昭和 ㊥平成 ○年○月○日生 （○○歳）	職業	会社員
	未成年者との関係	母方の叔父			

（注） 太枠の中だけ記入してください。 ※の部分については，当てはまる番号を○で囲み，利益相反する者欄の４及び利益相反行為の内容欄の５を選んだ場合には，（ ）内に具体的に記入してください。

7 相続人の中に認知症の人がいる場合

家庭裁判所で成年後見人等を選任してもらう必要がある

後見制度を利用する

高齢化社会の進展に伴い、相続人の年齢も上がり老老相続が増えています。そのため、相続人の中に認知症を発症している人がいるケースも少なくはありません。認知症など判断能力の低下によりご自身の意思を表示できない人が相続人の中にいる場合、そのまま遺産分割協議を進めてしまうと、その人に不利益が生じる危険性があります。そこで、有効に遺産分割協議を行うには、認知症の人に代わって、協議に参加する代理人の選任が必要になります。具体的には、家庭裁判所へ後見開始の審判を申し立てて、成年後見人を選任してもらい、選任された後見人と遺産分割協議を行うことになります。

後見制度には、本人の判断能力の程度に応じて「後見（判断能力がほとんどない）」「保佐（判断能力がかなり衰えている）」「補助（判断能力に不安がある）」の３つの種類があり、それぞれ後見人、保佐人、補助人が代理人として選任されます。

後見制度の創設時は、ほとんどのケースで子や兄弟などの親族が後見人として選任されていましたが、親族後見人による横領や使い込みなどが問題となり、近年では弁護士や司法書士などの専門職後見人が選任されるケースが増えています。

ただ、後見制度は一度開始すると、本人が亡くなるまで継続されるのが原則です。そして専門職後見人がつくと、月額２万円程度の報酬の支払いが必要となります。つまり、遺産分割協議も、後見は継続され、後見人に対する報酬の支払いも続くことになります。後見制度は本人の利益を保護する制度ですが、遺産分割協議だけというスポット的な利用ができないため、家族内で本人の財産管理や身上監護ができる場合には、利用を躊躇してしまいがちです。

後見制度は利用したくない場合

法定相続分で相続する場合には、遺産分割協議は不要です。ただ、相続財産に不動産が含まれている場合、法定相続分で相続すると、相続人全員で不動産を共有することになります。不動産の売却を検討されている場合、後見人が選任されない限り、認知症の者の持分については売却をすることができなくなります。とくに、売却する不動産に認知症の者が居住している場合には、後見開始の申立てに加え、家庭裁判所の許可も必要となります。

そのため、相続人の中に認知症など判断能力に問題がある方がいる場合は、あらかじめ遺言を作成しておくなど事前対策をたてておくのがベストです。

後見開始の申立てから遺産分割協議まで

すでに相続が開始しているケースで、相続不動産を売却したいなど法定相続分で相続すると問題があるケースでは、認知症の者のために後見開始の申立てをすることになります。

申立先は、本人の住所地を管轄する家庭裁判所です。申立書に本人の戸籍・住民票、後見人候補者の住民票の他、財産目録や診断書、後見登記されていないことの証明書などを添付して申立てを行います。後見開始の審判がおり、確定すると後見についての登記がされます。登記がされれば、後見人の仕事がスタートしますので、後見人を含めて遺産分割協議をすることになります。

8 相続人の中に行方不明者がいる場合

生死不明の期間によって手続きが変わる

行方不明者に代わる不在者財産管理人の選任が必要

相続人の中に行方不明者がいる場合、行方不明であっても相続人であることに変わりはありませんから、その者を除いて遺産分割協議を行っても無効になります。

そのため、行方不明者に代わって財産を管理する「不在者財産管理人」の選任を家庭裁判所へ申し立てる必要があります。

申立先は、行方不明者の住所地・居所地、住所地等が不明な場合は財産の所在地を管轄する家庭裁判所になります。申立てには、申立書や戸籍などの他、行方不明であることを証明するための資料の提出が要求されているため、宛て所不明で返送されてきた手紙や、最後の住所地を調査した際の写真や、親族や知人から行方がわからない旨の陳述書などを提出します。申立人は不在者財産管理人の候補者を指定することもできますが、法定相続人であるなど、不在者と利害が対立するおそれがある場合などは、弁護士や司法書士などの専門職が選任されます。不在者財産管理人の職務は、不在者が現れたとき、死亡が確認されたとき、財産がなくなったとき等まで続くことになるため、報酬として100万円程度の予納金が必要となります。

不在者財産管理人が選任されると、選任された管理人は、家庭裁判所の許可（権限外行為許可）を得て、遺産分割協議に参加することになります。

生死不明が7年以上の場合

行方不明者の生死が７年以上わからない場合は、利害関係人（失踪者の配偶者・法定相続人など）は家庭裁判所へ失踪宣告を申し立てることができます。失踪宣告とは、生死不明の者を民法上で死亡したものとして取り扱う制度です。生死不明とは、生きている証明も、死んでいる証明もできない状態にあることをいいます。

失踪宣告がなされると生死不明になった時点から７年の期間満了を待って死亡したものとみなされます。そのため、行方不明者を除いて遺産分割協議をすることができるわけです。また、７年の期間満了が被相続人の死亡より前になる場合行方不明者に子などがいるときは、その子が行方不明者を代襲して相続人となるため、この代襲相続人を加えて遺産分割協議を行います。

なお、事故や災害で死亡したことが明白な場合でも、遺体が発見されないと死体検案書が作成されないため、死亡届を提出することができません。このような場合にも、関係者の利害を害さないために失踪宣告が必要になります。事故や災害を管轄する官公署（役所）が、死亡を確定し、死亡した住所地の市区町村役場に死亡を報告します。この報告に基づいて、戸籍にいったん「死亡」と記載されます。その後生死不明で１年が経過した後、失踪宣告が確定し、正式に戸籍から抹消されます。

■ 不在者財産管理人の選任

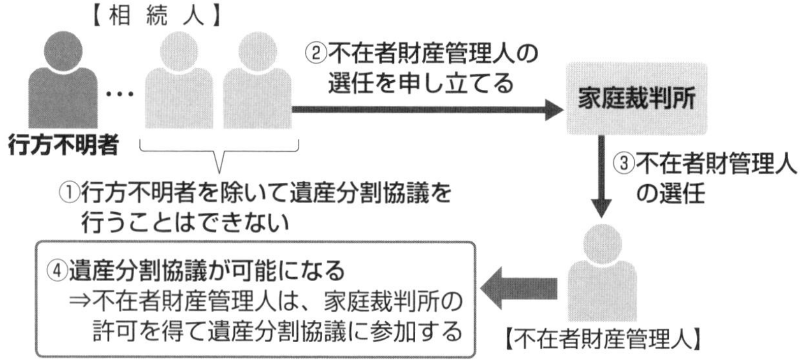

書式　失踪宣告申立書

受付印	家事審判申立書　事件名（　失踪宣告　）
	（この欄に申立手数料として１件について８００円分の収入印紙を貼ってください。） （貼った印紙に押印しないでください。） （注意）登記手数料としての収入印紙を納付する場合は，登記手数料としての収入印紙は貼らずにそのまま提出してください。
収入印紙　円	
予納郵便切手　円	
予納収入印紙　円	

準口頭		関連事件番号　平成・令和　　年（家　　）第　　号

東京　家庭裁判所　御中 令和○○年○○月○○日	申立人 （又は法定代理人など） の記名押印	甲野乙男　印

添付書類	（審理のために必要な場合は，追加書類の提出をお願いすることがあります。）

申立人	本籍 （国籍）	（戸籍の添付が必要とされていない申立ての場合は，記入する必要はありません。） 東京　㊊都・道・府・県　渋谷区上原○丁目○○番○○号
	住所	〒○○○－○○○○　電話　○○（○○○○）○○○○ 東京都渋谷区上原○○丁目○○番○○号 （　　方）
	連絡先	〒　－　電話　（　） （　　方）
	フリガナ 氏名	甲野《コウノ》乙男《オツオ》　昭和・㊊平成・令和　○○年○月○日生（○○歳）
	職業	会社員
※ 不在者	本籍 （国籍）	（戸籍の添付が必要とされていない申立ての場合は，記入する必要はありません。） 東京　㊊都・道・府・県　渋谷区上原○○丁目○○番○○号
	住所	〒○○○－○○○○　電話　○○（○○○○）○○○○ 東京都新宿区荒木町○○丁目○○番○号 （　　方）
	連絡先	〒　－　電話　（　） （　　方）
	フリガナ 氏名	甲野《コウノ》乙二郎《オツジロウ》　㊊昭和・平成・令和　○○年○月○日生（○○歳）
	職業	会社員

（注）　太枠の中だけ記入してください。
※の部分は，申立人，法定代理人，成年被後見人となるべき者，不在者，共同相続人，被相続人等の区別を記入してください。
別表第一（1/　）

申　立　て　の　趣　旨
不在者に対し，失踪の宣告を求める。

申　立　て　の　理　由
1　申立人は，不在者の父です。
2　不在者は，平成○年○月○日の朝，会社に出勤をし，同日夜9時頃，取引先のもとから自宅に帰宅するとの電話連絡がありましたが，帰宅しませんでした。
申立人は，警察に捜索願いを提出するとともに，不在者の行方を捜しましたが，その所在は今日まで判明しません。
3　不在者が行方不明となって7年以上が経過し，その生死が不明であり，不在者が帰来する見込みもありませんので，申立ての趣旨のとおりの審判を求めます。

別表第一（　／　）

書式　不在者財産管理人選任申立書

受付印	家 事 審 判 申 立 書　事件名（不在者財産管理人選任）
	（この欄に申立手数料として１件について８００円分の収入印紙を貼ってください。） （貼った印紙に押印しないでください。） （注意）登記手数料としての収入印紙を納付する場合は，登記手数料としての収入印紙は貼らずにそのまま提出してください。

収 入 印 紙	円	
予納郵便切手	円	
予納収入印紙	円	

準口頭		関連事件番号　平成・令和　　年（家　　）第　　号

東京　家 庭 裁 判 所 御 中 令和 ○○ 年 ○○ 月 ○○ 日	申 立 人 （又は法定代理人など） の 記 名 押 印	甲 野 乙 子　印

添付書類	（審理のために必要な場合は，追加書類の提出をお願いすることがあります。）

申立人	本 籍 （国 籍）	（戸籍の添付が必要とされていない申立ての場合は，記入する必要はありません。） 東京 ㊞都 道 府 県　渋谷区上原○丁目○○番○○号	
	住 所	〒 ○○○－○○○○　電話 ○○（○○○○）○○○○ 東京都渋谷区上原○○丁目○○番○○号 （　　方）	
	連 絡 先	〒　－　電話　（　　） （　　方）	
	フリガナ 氏 名	甲野《コウノ》 乙子《オツコ》	昭和（○）平成 令和 ○○年 ○月 ○日生 （ ○○ 歳）
	職 業	会社員	
※ 不在者	本 籍 （国 籍）	（戸籍の添付が必要とされていない申立ての場合は，記入する必要はありません。） 東京 ㊞都 道 府 県　渋谷区上原○丁目○○番○○号	
	住 所	〒 ○○○－○○○○　電話 ○○（○○○○）○○○○ 東京都新宿区荒木町○丁目○○番○○号 ○○マンション○○号室 （　　方）	
	連 絡 先	〒　－　電話　（　　） （　　方）	
	フリガナ 氏 名	甲野《コウノ》 乙二郎《オツジロウ》	昭和（○）平成 令和 ○○年 ○月 ○日生 （ ○○ 歳）
	職 業	会社員	

（注）　太枠の中だけ記入してください。
※の部分は，申立人，法定代理人，成年被後見人となるべき者，不在者，共同相続人，被相続人等の区別を記入してください。

別表第一（1/　）

申　立　て　の　趣　旨
不在者の財産の管理人を選任する審判を求める。

申　立　て　の　理　由
1　申立人は,不在者の母です。
2　不在者は平成○年○月○日旅行に行くとでかけて以来音信不通となり、知人や会社の同僚に連絡をして行くを探しましたが、現在までその所在は判明しません。
3　平成○年○月○日に不在者の父・乙男が死亡し，父・乙男所有の不動産につき，不在者がその共有持分（4分の1）を取得しました。また,不在者に負債等はありません。
4　このたび，亡乙男の共同相続人間で遺産分割協議をすることになりましたが,不在者は財産管理人を置いていないため,分割協議ができないので,申立ての趣旨のとおりの審判を求めます。

別表第一（　/　）

9 遺産分割の方法について知っておこう

個々の相続人の事情を考慮して分割を決める

遺産分割は遺産の一部についてもできる

遺産の全部を一度に分割することを全部分割といいます。これに対して、遺産の一部を先に分割し、残りを未分割の状態のままに置くことを一部分割といいます。たとえば、特定の遺産だけを売却して支払期限が迫った債務の支払いにあてることに合意し、残りの遺産は後で時間をかけて解決するといったケースが考えられます。また、遺産分割協議の成立後に新たな遺産が発見された場合、その遺産を分割することも一部分割となります。この場合、すでになされた遺産分割協議は相続人全員の合意があれば有効です。

遺産はすべてを一度に分割することが理想的ですが、遺産の範囲について相続人間で争いがあり、その確定を待っていては生活資金が確保できず、生活に困窮する者や、あるいは納税資金を調達できずに延滞税が課せられる危険性があります。実務上は、かつてより一部分割をすることが可能であると考えており、争いのない遺産について先に分割して、生活資金や納税資金を確保することができるようにしていました。ただ、どのような場合に一部分割が許容されるのか、改正前は条文上明確にされていませんでした。

そこで、2018年の相続法改正では、一部分割を共同相続人（２人以上の相続人が相続する場合のすべての相続人のことです）にとって利用しやすいものとするため、一部分割のルールを明文化しました。

具体的には、遺言で一部分割を禁じていない限り、相続人はいつでも、共同相続人の協議によって、いつでも遺産の一部を分割することができる旨が明文化されました。また、遺産分割協議が調わないとき、または遺産分割協議自体ができないときは、家庭裁判所に対し、一部分割の調停や審判を求めることができることも明文化されました。

これらの規定は、遺産の処分権限が第一次的には共同相続人にあるとする考え方がベースとなっており、共同相続人において自由に一部分割を行うことを認めるものです。ただし、被相続人の意思を無視することはできませんから、被相続人が一部分割を遺言で禁じていた場合は、例外的に一部分割をすることが認められません。

また、遺産について共同相続人に第一次的な処分権限が認められることから、遺産分割が調わない場合などは、家庭裁判所に対し一部分割の調停や審判を請求できます。しかし、一部分割をすることにより他の共同相続人の利益を害するおそれがある場合は、家庭裁判所に対する請求は却下されることになります。

なお、今回の相続法改正では、一部分割後の残りの遺産の分割については特別なルールが設けられませんでした。そのため、残りの遺産についてさらに一部分割することも認められます。

遺産分割の方法には４つある

共同相続人が遺産分割をする方法として代表的なものは、現物分割、換価分割、代償分割、共有分割の４つです。

①　現物分割

現物分割とは、共同相続人が個別の遺産をそのままの形で取得する方法です。「○○区○○所在の建物は配偶者が相続したい」「○○産業の株式は長男が相続したい」というように、それぞれの受け取りたい財産が決まっている場合、財産の形を変えたくない場合（現金に換価したくない場合）などは、現物分割が有効な方法です。

現物分割では「配偶者が不動産Ａを受け取る」「次女が不動産Ｂを受け取る」といった具合に分割します。遺産となる現物が少ないときなどは、相続分に応じて現物分割をするのは難しくなりますが、当人たちの合意があれば問題ありません。家庭裁判所の審判で現物分割をする場合は、少ない側に対する代償を付加すべきですが、多少の誤差は適法の範囲内とされます。

② 換価分割

換価分割（価額分割）とは、遺産の一部または全部を売却して現金に換え（換価）、その現金を相続分に応じて分割する方法です。耕作中の畑など現物分割が適当でない場合、または現物分割をすると価値が下がる場合で、かつ代償分割も無理なときは換価分割をします。

実際の換価方法は、財産を任意に売却して換金するのですが、家庭裁判所に申し立てて換価してもらうこともできます。ただ、土地や建物を売却すると、相続人全員に「譲渡による所得税と住民税」が課税されるため、その分は目減りしてしまうことに注意しましょう。

③ 代償分割

代償分割とは、１人（または数人）が価値の高い遺産の現物を相続し、残りの相続人の相続分に相当する超過分を、現物を相続した相続人が現金で支払う方法です。これは、遺産の大部分が現在も稼動中の工場や農地である際に、後継者に対しそれらをすべて相続させたい場合などに有効な方法です。

代償分割は、現物を相続する相続人に一定の資産（支払能力）がないと実行できませんので、代償分を支払うだけの資産がない場合には向いていません。なぜなら、ほとんどの遺産を相続した相続人は、相続分よりも多く受け取った分を、自分の資産で他の相続人に支払わなければならないからです。

この支払いは一括払いが原則ですが、分割払いとする方法もあります。分割払いとする場合は、現物を相続する相続人の支払能力の有無を見極めなければなりません。審判による遺産分割では、支払能力があるなど特別の事由が認められた場合に限り、分割払いによる代償分割が認められます。一方、遺産分割協議で合意に至れば、分割払いによる代償分割は何ら問題がありません。実際には、農地、作業場、商店など細分化が適当でない資産について、代償分割による遺産分割が行われることはよくあります。

④　**共有分割**

共有分割とは、遺産の一部または全部を相続人全員が共同で所有する方法です。たとえば、不動産の共有分割をする場合は、基本的に登記手続きだけですむという利点があります。しかし、共有名義の不動産を売却する際に、共有者全員の同意が必要になるなど、共有分割後は単独の所有に比べてさまざまな制約を受けるので、共有者間の調整に困難が生じることが多いようです。

協議の成立までの取扱いと分割の禁止

被相続人が遺産分割について遺言をしている場合を除き、遺産分割協議が成立するまでは、分割方法にかかわらず、遺産は相続人全員の共同所有の状態になります。その間の遺産の管理事項については、共同相続人が相続分に応じた多数決によって決めて共同管理します。管理費用は遺産の中から支払うことも可能です。

共同相続人は、相続開始後に、原則として、いつでも遺産を分割することができます。ただし、次のような場合には、遺産の分割が禁止されることがあります。

①　**遺言による分割の禁止**

被相続人が、遺言によって、遺産の一部または全部の分割を禁止している場合は、遺産分割が禁止されます。ただし、遺言による分割禁止期間は５年が上限と定められています。

②　**協議による分割の禁止**

相続人全員の合意によって遺産分割を禁止することもできます。ただし、遺言による分割の禁止とは異なり、分割禁止期間中であっても相続人全員の合意があれば、遺産分割をすることができます。協議による分割禁止の期間も５年が上限と定められています。

③　**審判による分割の禁止**

相続人の資格や遺産の範囲などをめぐり係争中のような場合には、家庭裁判所が定める一定の期間は、遺産の一部または全部の分割が禁止されます。

遺産分割に期限はないが相続税に注意する

民法には、遺産分割について、いつまでに行わなければならないという期限の定めはありません。つまり、「相続した財産を処分する」「担保に入れる」などの行為をしない限り、遺産分割を確定させ、相続登記で名義変更をする必要もないという場合も多いでしょう。

しかし、相続税がかかるほどの遺産がある場合は、悠長にしているわけにもいきません。相続税には「配偶者は法定相続分まで相続しても相続税はかからない」という特典がありますが、この特典は相続税の申告期限までに遺産分割が決まらないと受けられないのです。

したがって、通常の場合は、被相続人の死亡後、相続税の申告期限までに遺産分割を確定させることにしていますし、また、多少のトラブルがあっても、そのように努力しなければなりません。申告期限までに遺産分割が確定しない場合は、特典を使わずに申告書を提出するとともに、その理由を届け出ることで、３年間はこの特典を使って支払済みの税金の清算をすることができます。

■ 遺産分割が禁止されるケース

10 遺産分割協議の流れについて知っておこう

遺産分割協議は相続人全員参加でしなければならない

遺産分割協議の方法

遺産分割協議を開く方法について、とくに法律上の決まりはありません。ただし、遺産分割協議は相続人全員（代襲相続人、認知された子も含みます）の参加が必要で（包括受遺者の参加も必要です）、1人でも協議に参加していなければ、遺産分割協議は無効になります。遺産分割協議は多数決ではなく、相続人全員の合意により成立します。

また、法定相続分や具体的相続分（22ページ）と異なる割合で分割をしても、相続人全員が協議して納得したものであれば問題ありません。遺産分割協議はいったん成立すると、全員の同意がない限りやり直しはできませんので注意しましょう。また、税務上は全員の同意があってもやり直しは否認されます（相続税の更正が認められません）。

遺産分割協議の効力

遺産分割協議の成立時に遺産分割が確定し、相続開始時に遡って有効になります。被相続人の死亡時に相続が開始され、個々の遺産について共同相続人の共有状態が生じた後、遺産分割協議が成立し、各共同相続人に分割されれば、共有状態はなかったことになるのです。

なお、共有状態の継続中に持分を第三者に処分しても、それを遺産分割時の遺産とみなすことができる場合があります（87ページ）。

協議書は人数分作成する

遺産分割協議書を作成するかしないかは自由ですが、後日の争いを避けるための証拠として作成しておくべきです。特定の遺産が他の相続人の所有物になる代わりに金銭を受け取るような場合に、遺産分割協議書の記載が重要な意味をもちます。また、相続による不動産の登記手続きや相続税の申告の際などには、遺産分割協議書を添付することが必要です。

遺産分割協議書を作成する

共同相続人の合意による一部分割は有効ですが（77ページ）、全部の遺産を対象にしていない遺産分割協議は、後から遺産が発見された際に争いとなることがありますから正確に作成します。遺産分割協議書の作成ポイントは以下のとおりです。

① 誰が何をどれだけ相続するのかを明確に記します。

② 誰が目録外の何を代償として、誰にいつまでに支払うのかを記します。あわせて支払がない場合の措置も記します。

③ 第三者に対する遺贈がある場合は、誰がどの程度負担し、どのように処理するかを明記します。

④ 書式は自由です。遺言書ではないので、署名以外についてはワープロで作成した文書でもかまいません。

⑤ 住所については、住民票や印鑑証明書に記載されているとおりに記載します。不動産の所有権移転登記などの法的手続きのために必要になります。

⑥ 土地や建物などの不動産の所在、地番、構造などは、登記事項証明書に記載されているとおりに記載します。

⑦ 預貯金、預り金、株式などは、事前に金額や数を確認します。また、遺産分割協議書に押印するのと同時に、金融機関の請求書など専用書類にも押印し、受領者を確定させます。

⑧ 遺産分割協議書には、上記の事項以外の特記事項を記入してもかまいませんが、後から問題にならないように、それが法的にどんな意味をもつのか明確にしておきましょう。

⑨　相続人全員が署名し、印鑑証明書を添付します。押印は印鑑証明を受けた実印で行います。署名はサイン（自筆）でも記名でも有効ですが、法的手続きのためには実印で押印する必要があります。作成枚数は、少なくとも遺産分割協議の参加者の人数分が必要です。

⑩　相続登記の手続きの際に提出する場合は、遺産分割協議書に印鑑証明書の添付が必要です。

遺産分割後の手続き

遺産分割が確定して各相続人に帰属する財産が確定しても、その後の手続きが必要です。不動産は所有権移転登記が必要ですし、動産は他人が所持していれば引き渡してもらわなければなりません。また、銀行預金、株式などについては名義変更を行うことになります(91ページ)。名義変更自体は義務ではありませんが、名義変更をしなければその財産の新しい所有者になったことを客観的に証明できません。期限は定められていませんが、その後の各種手続きをできるだけスムーズに進めるためには、早めにしておいた方がよいでしょう。

書類に不備がなければ、実印が押された遺産分割協議書に印鑑証明書を添付して登記申請手続きを行うことができます。ただ、遺産分割の確定後に、不動産の名義変更に必要な書類等への押印を拒む相続人がいる場合、調停や訴訟を通じて名義変更手続きを求めることになります。遺産分割協議書が確実に作成されていれば、訴訟や調停での手続きは簡単です。

遺産分割協議のやり直し

相続人全員の合意に基づく遺産分割協議は、いったん成立すれば契約と同様に法的拘束力が生じ、一方的にやり直しを主張することはできなくなります。義務を履行しない相続人に対しては、遺産分割協議で決定したことを要求していく他はないのです。ただ、共同相続人全員（包括受遺者も含みます）の合意で遺産分割協議の全部または一部を解除し、改めて協議を成立させることはできます。

また、遺産分割協議から漏れた遺産がある場合には、従来の協議を有効としたままで、その漏れた遺産について別の協議をすることになります。相続人でない者を加えた遺産分割や、相続人の一部を除外した遺産分割協議は無効ですから再協議になります（包括受遺者がある場合にその者を除外した遺産分割協議も無効です）。また、意思表示の無効・取消を定める民法の規定は、遺産分割協議にも適用されます。たとえば、協議中に特定の者による強迫があった場合、強迫を受けた相続人は遺産分割協議の取消が可能です。

なお、遺言書の発見で子の認知が生じた時は、各人の相続分が変更されます。他の相続人による遺産分割協議の成立後に認知された子による遺産分割の請求は、相続分に相当する価額の支払いを請求できるだけです。ただし、本来相続人になり得なかった人（被相続人の親や兄弟姉妹といった子より後順位の相続人）が遺産を取得していた場合、認知された子は、これらの者から財産を取り戻すことができます。

■ 遺産分割協議の流れ

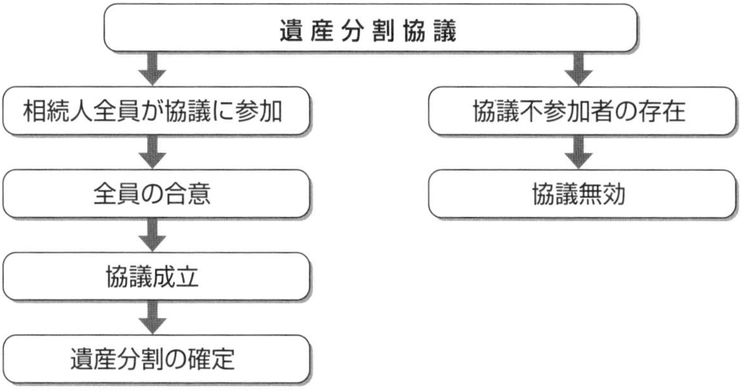

11 遺産分割前に処分された財産の取扱いについて知っておこう

遺産分割前に処分された遺産も遺産分割の対象となる場合がある

なぜ改正が行われたのか

相続人が複数いる場合、遺産分割によって各相続人が相続する具体的な財産が確定するまで、遺産（相続財産）は相続人全員の共有になります。この共有とは、各相続人が、法定相続分に応じた持分の割合によって、それぞれの遺産を所有している状態のことです。

相続人の一人が、遺産分割前に、共有状態にある相続財産の一部または全部を売却するなど処分した場合、現在の実務では、処分された財産は相続財産から逸失し、遺産分割の対象から外れるという取扱いがなされていました。具体例で見ていきましょう。

相続人が子Ａ、Ｂ、Ｃの３人のみで、遺産総額が3000万円であった場合、通常であれば、Ａ、Ｂ、Ｃはそれぞれ1000万円の遺産を相続することができます。ところが、Ａが遺産分割前に勝手に遺産900万円分を処分してしまったとします。

改正前は、遺産分割の対象となる財産は、相続開始時に被相続人が所有していた財産で、かつ、遺産分割時に実際に存在する財産であると考えられていたため、処分された財産は遺産分割の対象から除外されていました。前述した事例では、Ａが遺産900万円を処分すると、遺産分割の対象となる財産は2100万円となります。そのため、Ｂ、Ｃは各700万円の遺産しか相続できないのに対し、Ａは先に処分した900万円に加えて、700万円をあわせて相続することになり、不公平な結果となります。

相続法改正では、この相続人間の不公平を解消するため、遺産分割前に処分された財産の処理について明文の規定を置きました。

何が変わるのか

相続法改正では、遺産分割前に処分された財産の処理について、次の２つの規定を設けました。

① 遺産分割前に遺産に属する財産が処分された場合であっても、相続人全員の同意により、当該処分された財産が遺産分割時に遺産として存在するものとみなすことができる。

② 相続人の１人または数人によって、遺産分割前に遺産に属する財産が処分されたときは、①について当該相続人の同意は要しない。

前述した事例では、遺産分割前に財産を処分したＡの同意は不要であるため（②）、ＢとＣが同意すれば、Ａが勝手に処分した900万円を遺産分割の対象となる財産に含めることができます。その結果、遺産分割の対象となる遺産の総額は3000万円となり、これを法定相続分に応じて３等分すると、Ａ、Ｂ、Ｃは各1000万円を相続することになります。そして、Ａはすでに900万円を取得しているため、遺産分割においてＡが実際に取得できる遺産は100万円にとどまります。これに対し、ＢとＣは各自1000万円ずつを取得できるというわけです。

■ 遺産分割前の財産の処分

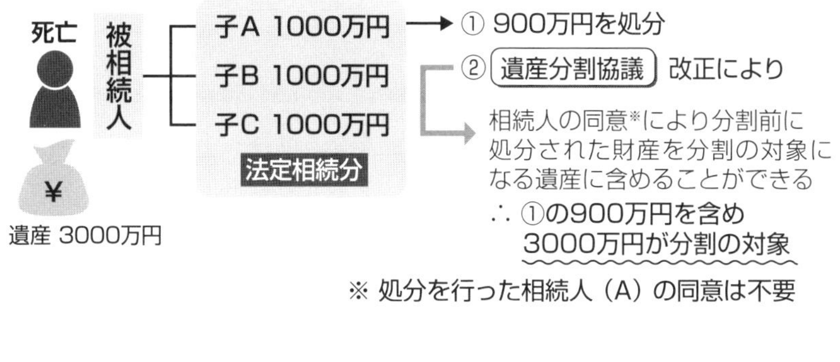

12 預金口座をめぐる法律問題について知っておこう

遺産分割確定前に相続人が預貯金の払い戻しを受ける制度が整備された

本人の預金口座と引き出し

金融機関に預貯金を預けている人が死亡し、その事実を金融機関が知ると、預金口座を凍結するため、相続人が勝手に預金を引き出せなくなります。

もっとも、金融機関が預金者の死亡を知る前に、相続人が葬儀代などとして預貯金を引き出してしまうケースもあります。しかし、後述するように、遺産分割協議などにより預貯金がどの相続人に帰属するのかが確定し、口座凍結が解除されるまでは、預貯金を引き出すことは許されず、遺産分割協議を行うために、まず被相続人の預金額や相続人による、引出しの有無を確認しなければなりません。

その点、相続人は、金融機関に対して、被相続人名義の預貯金などの口座について、①残高証明の発行請求、②取引履歴の開示請求が可能です。残高証明（①）は、取引のあった支店に請求すれば、その支店にある被相続人の全口座分について残高証明を発行してもらえるため、相続人が把握していない口座が見つかることもあります。取引履歴（②）は、過去数年分の取引の状況が開示されるため、これを見れば不正な引き出しがあるかどうかを確認できます。

残高証明の発行や取引履歴の開示は、いずれも相続人が１人で行うことができます。残高証明の発行請求は、各金融機関所定の残高証明発行依頼書に必要事項を記載して行います。添付書類は、被相続人の死亡を確認できる戸籍謄本または除籍謄本、相続人であることを確認できる戸籍謄本、相続人の印鑑証明書などです。

口座凍結解除をするには

口座凍結を解除するための条件として、①遺産分割協議を完了させることが挙げられます。この方法によるときは、被相続人が残した全遺産について、相続人全員で話し合って、誰がどの遺産を手に入れるのかを決める必要があります。また、②預貯金の分割方法だけを先に決めてしまうことも可能です（遺産の一部分割）。相続人全員の協力があれば、比較的短期間で行うことができます。2018年の相続法改正により、遺産の一部分割が可能であることが明確にされました。

①または②により遺産分割が確定した場合、被相続人の出生から死亡までの連続した戸籍謄本および除籍謄本、法定相続人全員分の戸籍謄本、法定相続人全員分の印鑑証明書などを用意して、金融機関に対し口座凍結解除の申請を行うことになります。

預貯金の仮払いを認める制度

代金債権や貸金債権などの可分債権（分割できる債権のこと）は、相続開始と同時に法定相続分に応じて当然に分割され、各相続人が相続分に応じて権利を承継するとされています。預貯金債権も可分債権であることから、従来は上記のような取扱いがなされていました。

しかし、2016年12月の最高裁大法廷決定で、預貯金債権については、不動産・動産・現金と同じように、相続開始と同時に相続分に応じて当然に分割されることはなく、遺産分割の対象となるとの判断が下されました。つまり、一部の相続人による預貯金の払戻請求には応じない、という従来からの金融機関の運用を、最高裁が追認したということができます。

しかし、これでは、緊急の払い戻しの必要が生じた場合に、相続人全員の協力が得られなければ、一切の払い戻しを受けることができないという不都合な事態が生じかねません。

そこで、2018年の相続法改正では、預貯金債権について遺産分割の確定前であっても、一定額を相続人に払い戻すことを認める仮払い制度が整備されました。具体的には、①家庭裁判所の保全処分を利用するための要件を緩和したことと、②家庭裁判所外において各相続人が単独で払い戻しを受けられる制度を新設したことが挙げられます。

①　家庭裁判所の保全処分を利用するための要件の緩和

家事事件手続法には、遺産分割の審判・調停の申立てがあった場合、相続人の急迫の危険を防止するため必要があるときは、家庭裁判所は必要な保全処分を命じることができるという内容の規定があります。現在もこの規定に基づいて預貯金の仮分割の仮処分（預貯金の仮払いを命じること）が可能ですが、要件が厳しすぎることが問題でした。

相続法改正では、預貯金の仮分割の仮処分を認める要件を緩和する規定を追加しました。具体的には、家庭裁判所は、ⓐ遺産分割の審判または調停の申立てがあった場合に、ⓑ仮処分の申立てが別にあったときは、ⓒ相続財産に属する債務の弁済、相続人の生活費として支出したり、その他にも、遺産に含まれる預貯金債権を、申立人やその相手方が行使する必要性が認められる場合は、ⓓ他の相続人の利益を害しない限り、預貯金債権の全部または一部を仮に取得させることができます。仮分割される金額は家庭裁判所の判断にゆだねられていますが、原則として遺産の総額に申立人の法定相続分を乗じた額の範囲内になると考えられています。ただし、仮分割の仮処分を利用するには、上記のⓐにあるように遺産分割の審判・調停を申し立てる必要があるため、時間や費用がかかるというデメリットがあります。

②　裁判所外で各相続人が単独で払い戻しを受ける方法

預貯金の仮分割の仮処分しか認められないとすると、緊急に払い戻しを受ける必要性が生じた場合に、家庭裁判所に申立てをしなければ、一切の払い戻しを受けられず、相続人の大きな負担になります。

2018年の相続法改正では、各相続人が、裁判所の判断を経ずに、直接金融機関の窓口で、一定額の預貯金の払い戻しを受けることができるとする制度が創設されました。具体的には、各相続人は、遺産に属する預貯金債権のうち、相続開始時の預貯金の額の３分の１に、払い戻しを受ける相続人の法定相続分を乗じた額で、かつ、金融機関ごとに法務省令で定める額を上限として、単独でその権利を行使できます。

銀行預金などの名義変更の方法

被相続人の口座は、遺産分割が確定するまで凍結され、確定後に名義変更や解約の手続きをします。名義変更は、金融機関に備え付けの名義変更依頼書で申請します。所定事項を記入し、被相続人や相続人の戸籍謄本、相続人の印鑑証明書、被相続人の預金通帳または預金証書や届出印などの添付書類とともに提出するのが一般的です。

遺産分割の状況によっては、①遺産分割協議書（遺産分割協議に基づく場合)、②調停調書謄本または審判書謄本と審判確定証明書（家庭裁判所の調停・審判に基づく場合)、③遺言書または遺言書の写し（公正証書遺言以外の場合は「検認調書謄本」も必要です）といった添付書類が必要になることもあります。

■ 預貯金の仮払い制度

預貯金債権 ⇒ 遺産分割の対象に含まれることから、遺産分割前は預貯金の払い戻しは受けられないのが原則である。

↓

遺産分割前に預貯金の払い戻しを受けるための制度（仮払い制度）

【家庭裁判所の保全処分を利用】

家庭裁判所へ遺産分割の審判または調停を申し立てる→預貯金の仮分割の仮処分を申し立てる→家庭裁判所は、申立人や相手方が預貯金債権を行使する必要性を認めたときに、預貯金の仮分割の仮処分を命ずる→金融機関は仮処分の内容を確認し、仮処分で認められた範囲内で払い戻しを行う

【裁判所外で各相続人が単独で払い戻しを受けられる方法】

各相続人は「相続開始時の預貯金の額 ×1/3× 法定相続分」で、かつ、金融機関ごとに法務省令で定める額を上限として、直接金融機関の窓口で預貯金の払い戻しを請求できる

13 配偶者の居住権について知っておこう

配偶者居住権と配偶者短期居住権の２つが創設された

配偶者の居住権を短期的に保護する配偶者居住権

被相続人の不動産が被相続人とその配偶者の住居であった場合には、配偶者（生存配偶者）の居住権をめぐって問題になることがあります。たとえば、Aが死亡した時に、Aには相続人として妻Bと子Cがおり、Aの遺産がA所有の住居とその敷地（土地）のみで、Aの生前はAとBが同居していたという例で考えてみましょう。以下のような２つの事例について問題点がでてきます。

事例①　Aが遺言をしていないため、Aの遺産について遺産分割協議の手続きを始めた場合

この場合、相続開始時（Aの死亡時）から遺産分割協議の終了時まで、妻Bは住居を使用し続けることが可能でしょうか。

事例②　Aが遺言をしており、その遺言で「Aの死後、A所有の住居とその敷地は子Cに与える」という意思表示を明確にしていた場合

この場合、Bはそれまでの生活の基盤であった住居から、Aの死後すぐに退去しなければならないのでしょうか。

相続法は、被相続人の生前の意思にかかわらず、最低でも相続開始時から６か月間は、生存配偶者の居住権を保障しています。もっとも、上記事例において、妻Bと子Cとの遺産分割協議によって、子Cが建物の所有権を相続すると決定することは妨げられませんので、これを「配偶者短期居住権」と呼んでいます。

① 配偶者短期居住権の内容

生存配偶者が、相続開始時に被相続人所有の建物に無償で居住していた場合に、相続人間で居住建物の遺産分割をすべきとき（相続や遺贈に関する被相続人の遺言がない場合など）は、遺産分割により誰が居住建物を相続するかが決まった日、または相続開始時から６か月が経過する日、のいずれか遅い日までの期間、居住建物を無償で使用できます。また、生存配偶者が、相続開始時に被相続人所有の建物に無償で居住していた場合に、相続または遺贈により居住建物の所有者が決まっているときは、配偶者短期居住権の消滅を申し入れた日から６か月が経過する日までの間、無償で居住建物を使用できます。

② 配偶者短期居住権を取得した場合

配偶者短期居住権は、遺産分割協議により最終的に居住建物の所有権が決定されるまでの暫定的な措置という意味合いが強いため、生存配偶者が自由に居住建物を使用してよいわけではありません。原則として、居住の目的や建物の性質により定まった用法に従って使用しなければならず（用法遵守義務）、善良な管理者の注意をもって居住建物を管理しなければなりません（善管注意義務）。また、生活の基盤

■ 配偶者短期居住権 ……………………………………………………

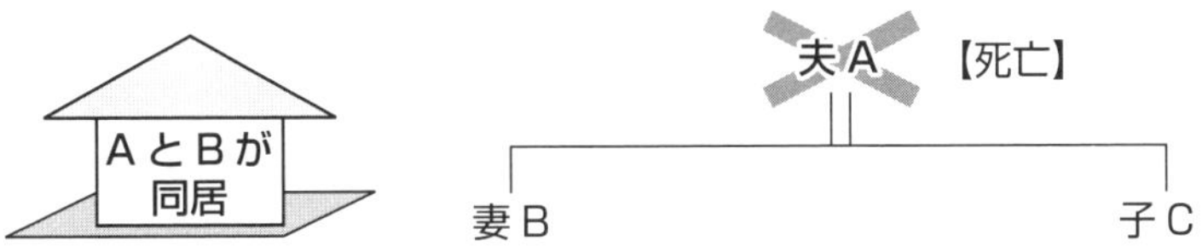

【配偶者短期居住権の効果】

- ① 遺言なし ➡ **最低でも６か月間はBは無償で建物を使用できる**
- ② Cに相続させる（または遺贈する）という内容の遺言あり
  ➡ **Cが短期居住権の消滅を申し入れた日から６か月が経過する日まで、Bは無償で建物を使用できる**

である居住建物に暫定的であれ居住する権利を保護するという趣旨から、配偶者短期居住権を第三者に譲渡することはできません。

以上から、前述した事例①の場合には、遺産分割協議が終了するまで、あるいは早期に遺産分割協議が終了した場合であっても相続開始時から６か月が経過する日までの期間、妻Ｂは無償で、夫Ａと生前から同居してきた居住建物を使用できます。また、事例②のように、遺言によって夫Ａが自らの死後は住居とその敷地を子Ｃに使用させる意思を明確に持っていたとしても、子Ｃが配偶者短期居住権の消滅を申し入れた日から６か月が経過する日までの間、妻Ｂは無償で居住建物の使用を継続できます。

配偶者の居住権を長期的に保護する配偶者居住権

民法の相続に関する規定（相続法）は、長期間にわたり生存配偶者の居住権を保障する制度（配偶者居住権）を整備しています。

① 配偶者居住権の内容、成立要件

生存配偶者が、相続開始時に居住していた被相続人所有の建物（住居）を対象として、終身、生存配偶者が居住建物を無償で継続使用できる権利を与えることです。存続期間は、遺言または遺産分割の定めによって、終身よりも短い期間とすることができます。配偶者居住権を成立させるためには、原則として、以下のいずれか１つを満たしていることが必要です。遺産分割協議は相続人全員の合意が求められますので、死因贈与契約や遺言によって、生前に配偶者居住権を確保する措置を講じておくことが重要です。

- 建物の所有者は他の相続人に決定しても、配偶者に配偶者居住権を取得させる遺産分割協議が成立した
- 被相続人と生存配偶者との間に、被相続人死亡後に生存配偶者に配偶者居住権を取得させるという内容の死因贈与契約が存在していた
- 生存配偶者に配偶者居住権を取得させるという内容の遺言があった

② 配偶者居住権を取得した生存配偶者の権利義務

上記の要件を満たすと、生存配偶者は配偶者居住権を取得し、配偶者居住権の財産的価値に相当する金額を相続したものとして扱われます。これにより、居住建物の所有権を取得するよりも低額の財産的価値を相続したと扱われることから、配偶者居住権以外の財産（預貯金や現金など）の相続も可能になります。

配偶者居住権が認められた生存配偶者は、居住の目的や建物の性質により定まった用法に従って居住建物を使用する義務を負います（用法遵守義務）。また、配偶者居住権が認められる期間中は、その生存配偶者に要求しても不合理ではないといえる程度の注意の下で、居住建物を保存しなければなりません（善管注意義務）。そして、配偶者居住権は登記をすることで、第三者に対抗することができます。生存配偶者は、居住建物の所有者に対し、配偶者居住権の設定登記を申請するよう請求する権利があります。一方、配偶者居住権は生存配偶者の死亡により消滅する不安定な権利であるため、第三者に譲渡することはできません。

■ 配偶者居住権（長期居住権）

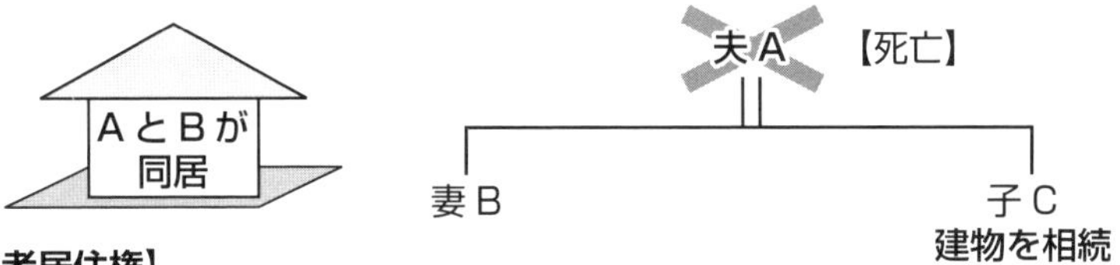

【配偶者居住権】

要件

① 建物の所有者は他の相続人に決定しても、生存配偶者に配偶者居住権を取得させるという内容の遺産分割協議が成立した

② 被相続人と生存配偶者との間に、被相続人死亡後に生存配偶者に配偶者居住権を取得させるという内容の死因贈与契約が存在していた

③ 生存配偶者に配偶者居住権を取得させるという内容の遺言がある

➡ 原則として終身の間、生存配偶者がその建物を継続して使用可能

Column

預金や債務の取扱いについて

貸金や売掛金など金銭の引渡しを目的とする債権を金銭債権といいます。金銭債権は分割が可能な債権（可分債権）であることから、相続開始とともに、法律上当然に分割され、各相続人は法定相続分に応じて権利を承継することになります。つまり金銭債権について遺産分割手続きは不要ということになります。ただし、相続人全員の同意があれば、遺産分割の対象とすることができます。実務でも、金銭債権を遺産分割の対象として、遺産分割協議によって帰属先を決定するという運用が多く取られています。

同じ可分債権であっても、預金については取り扱いが異なります。預金は元々可分債権として遺産分割の対象外とされてきましたが、平成28年の最高裁判所の決定により、遺産分割の対象となると判断されたことから、遺産分割協議をしない限り預金の払い戻しを受けることができなくなりました。なお、相続人の保護の観点から、一定額については遺産分割前でも払い戻しが受けられるよう預貯金の仮払い制度が新設されています（89ページ）。

一方、借金や住宅ローンなどの債務は、相続開始と同時に、法定相続分に応じて当然に承継されることになりますが、相続人全員の合意があれば、相続人の一人が債務の全額を相続するという遺産分割協議を成立させることは可能です。

ただし、成立した遺産分割協議は、相続人間の内部的な取り決めとしては有効ですが、それを債権者に主張することはできません。というのも、相続人側が勝手に債務の負担割合を決められるとすると、返済能力のない相続人が債務のすべてを引き受けるという事態も起こりかねず、それでは債権者の利益が害されるからです。そのため、債権者は各相続人に対し法定相続分に従った債務の返済を請求することができるわけです。

第3章

遺言がある場合の相続手続き

1 遺言がある場合の相続手続きはどうなるのか

自筆証書遺言では検認手続きが必要となる

遺言が優先するのが原則

相続といえば、民法が定める法定相続分が原則と考えている人が多いようですが、それは誤解です。遺言による相続の指定がないときに限って、法定相続分に関する民法の規定が適用されます。つまり、遺言者の意思を尊重するため、民法は遺言による相続を優先させています。そのため、相続が開始すれば、まず遺言書が残されていないか調査するようにしましょう。

自筆証書遺言を発見した場合

遺言では、「公正証書遺言」と「自筆証書遺言」がよく利用されています。自筆証書遺言を発見した場合は、必ず家庭裁判所の検認手続きが必要です。また、遺言書が封印されている場合は、勝手に開封せず、家庭裁判所で相続人またはその代理人の立会いの下で開封しなければなりません。この場合、遠隔地その他の事情でその全員または一部が立会いに出席できないとしても、開封の手続きをすることはできます。なお、封印されている遺言書を勝手に開封してしまった場合であっても、遺言書の内容が無効になるわけではありませんが、過料に処せられることになります。

家庭裁判所による遺言書の検認

遺言書の検認とは、家庭裁判所が遺言の存在と内容を認定するための手続きで、一種の証拠保全手続きです。検認は遺言が遺言者の真意に基づき行われたか否かは判断しないので、検認により遺言が当然に有効とされるわけではありません。検認は遺言書が遺言者の作成によることを確認するもので、検認後の偽造や変造を防ぎ、遺言書の保存を確実にすることができます。また、民法が要求する方式に従っているか否かを判断する上で、必要な事実を調査する役割も果たします。公正証書遺言以外のすべての遺言について、検認手続きを経る必要があります。

検認が済んでいない遺言では、相続登記や預貯金の名義変更などの手続きは行えませんので注意が必要です。

なお、遺言書を発見した相続人が、自分に有利になるよう削除または書換えをした場合や、隠ぺいなどの不正行為をした場合は、相続欠格に該当するため、相続人の資格を当然に失います。また、保管者や相続人が、遺言書の提出を怠り、検認手続きを経ずに遺言を執行したときは、５万円以下の過料に処せられます。さらに、遺言書の提出を怠ったことや、検認手続きを遅滞したことで、相続人や利害関係人が不測の損害を受けた場合は、損害賠償責任が生じることもあります。

自筆証書遺言保管制度の創設について

改正前の規定では、自筆証書遺言の場合、公正証書遺言のように遺言書を保管する制度がないため、紛失や偽造・変造のおそれが高いことが問題とされていました。また、相続人が遺言書の存在を把握しな

■ 遺言書の検認

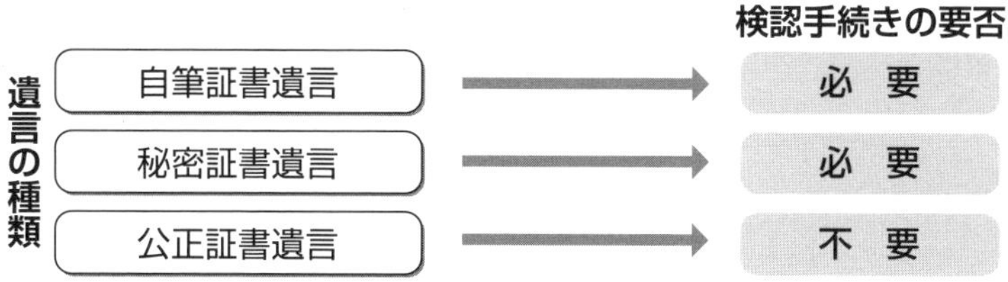

※相続法改正後は、法務局に保管された自筆証書遺言については検認手続きは不要。

いまま遺産分割協議が成立し、後に遺言書が発見されたことでトラブルになるケースもあります。さらに、自筆証書遺言は家庭裁判所による検認手続きが必要となり、これを怠ると過料に処せられることから、相続人や保管者の負担が重くなるという問題点もあります。これらの問題を是正し、自筆証書遺言の利用を促進するため、2018年の相続法改正では、自筆証書遺言の原本を公的機関である法務局で保管する制度が創設されました（施行は2020年７月10日施行)。これを自筆証書遺言保管制度といいます。具体的な手続きの流れは以下のようになります。

①　遺言者による遺言書の保管など

遺言者は、遺言者の住所地あるいは本籍地または遺言者が所有する不動産の所在地を管轄する法務局に、自筆証書遺言の原本を無封状態で持参し保管申請をします。申請を受けた遺言書保管官（法務局の担当官）は、遺言書の形式的審査を行い、誤りがあれば補正を促し、誤りがなければ原本を保管するとともに画像データ化して保存します。遺言者はいつでも保管された遺言書の閲覧と返還を請求できます。

②　相続開始後の相続人等による手続き

相続開始後になると、相続人等（相続人、受遺者、遺言執行者）は、法務局に対し、遺言書が保管されている法務局の名称等を証明する書面の交付請求ができます（これにより遺言書の保管の有無を照会することになります)。さらに、相続人等は、保管されている遺言書の閲覧と、遺言書の画像データ等の証明書の交付請求ができます（原本の交付請求はできません)。法務局は、相続人等に対し遺言書の閲覧をさせたり画像データ等の証明書を交付した場合や、第三者請求により遺言書の閲覧をさせた場合は、他の相続人等に対し遺言書を保管していることを通知することになります。なお、自筆証書遺言保管制度を利用した場合は、家庭裁判所による遺言書の検認手続きが不要になります。

2 遺言の効力に問題がある場合について知っておこう

遺言が無効となる可能性のあるケースについて知っておこう

代筆による遺言

自筆証書遺言は、遺言者本人の自筆であるのが絶対条件ですから、財産目録以外の代筆は一切認められません。

自筆証書遺言について、本人の自筆による遺言であることが証明されなければ、その遺言は無効となります。自筆かどうかが争われた場合は、主に作成時の状況によって判断します。

また、自筆で遺言を書く意思はあっても、病気などのために文字がうまく書けないので、他人に介添えをしてもらって書いた場合は、介添えの程度によって判断します。具体的には、介添えが遺言者が文字を書くためのもので、しかも遺言の内容に介添人の意思が介入した形跡がなければ、そのような遺言は自筆によるものと考えます。

判例によれば、自筆証書遺言の成立に必要なのは、遺言者が文字を認識する能力と筆記する能力であり、これは視力を失った場合などにも喪失するものではありません。その上で、介添えが自筆の範囲内として許されるのは、用紙の位置に手を置くための補助を行うなど、遺言者が自らの意思で手を動かして筆記できる状態が確保されている場合に限られます。したがって、それ以外の介添えによる場合は自筆と認めることができず、自筆証書遺言としては無効となります。

文字が判読できない場合

遺言書が判読できない状態としては、遺言書の破損・摩滅により文字がうすれていて物理的に読めない場合と、自筆が乱れており文字自体が読みにくい場合の２つの状態が考えられます。

遺言書の文字が判読できない場合、それが遺言者の意思による破棄であれば、その破棄された部分については遺言が取り消されたとみなされます。また、汚れなどの原因により判読不可能となっている部分は無効になります。これが遺言者以外の相続人や受遺者による意図的な（故意による）破棄であるときは、その人は相続欠格とされ、相続人としての資格を失います。この場合は破棄された箇所も遺言としての効力は失われずに有効とされます。相続人が遺言書の文字を判読できないときは、自筆証書遺言の効力を認めることができません。もっとも、判読できないから直ちに無効だと結論づけることなく、作成時の状況や遺言者の真意から、可能な限り判読するよう相続人間で協議し、協議が調わなければ、家庭裁判所での調停を試み、それでも結論が出ない場合は訴訟を提起して判断してもらうべきでしょう。

裁判では、主に作成時の状況から、判読できるか否か、判読できるとするとどのように判読するかを争うことになります。この際、筆跡鑑定を採用することは原則としてありません。裁判所は、筆跡鑑定の有用性については疑問を抱いているからです。実際には、相続人間の協議で結論を出して妥協するケースが多いようです。

日付の記載がない場合

自筆証書遺言に記入する日付は、実際に存在する特定の日を表示する必要があります。日付の記載がない、あるいは存在しない日付を記載した自筆証書遺言は無効です。また、内容が相互に矛盾する遺言書が２つ以上見つかった場合、内容が矛盾する部分については、最も新しい日付の遺言書が有効とされます。

遺言書に記載する日付は明確な年月日を用います。元号でも西暦でもよいですし、漢数字でも算用数字でもかまいません。なお、「平成○年○月吉日」のような書き方は、「吉日」では日付を特定できないため無効とされます。一方、「平成○年の誕生日」「満60歳の誕生日」

のような書き方であれば、年月日を特定できるので有効です。

遺言の年月日が間違っている場合

　原則として遺言に記載された年月日が遺言の日付ですが、明らかに日付が間違っているケースもあります。たとえば、①「２月30日」というように暦に存在しない日付である場合、②「明治７年」のように事実上あり得ない古い日付である場合、③遺言書記載の年月日に遺言者が大手術の最中であったことが明らかで、その日に遺言者が遺言を書くことがあり得ない場合などがあります。日付に誤りのある遺言は無効とするのが原則です。しかし、遺言に日付の記載が要求されるのは、手形などの技術的要求とは異なり、遺言者の最終的な真意確認のためです。この真意確認の観点からすると、明白な誤記を理由として遺言を無効とする必要はないと考えることもできます。つまり、遺言に記載された内容や趣旨に照らし合わせて、日付が誤記であることが明白であり、特定の年月日の記載があると認められる場合には、その

■ 遺言の効力に問題がある主な場合

遺言の効力に問題がある場合	取　扱　い
代筆による	【原則】代筆は一切認められない
	【例外】財産目録は自筆以外でもよい
文字が判読できない	遺言者の意思による破棄であれば、破棄された部分については遺言が取り消されたとみなされる
	汚れなどの原因により判読不可能となっている部分は無効
日付の記載がない	日付の記載がない、あるいは存在しない日付を記載した自筆証書遺言は無効
遺言の年月日が間違っている	【原則】日付に誤りのある遺言は無効
遺言書が複数枚見つかった	数通の遺言書の内容に矛盾がある場合には、矛盾している部分については、新しい日付の遺言書の内容が有効
	２通の作成日が同じ場合、内容に矛盾がある部分については両方の遺言書が無効になる可能性がある

遺言は有効であると判断される可能性があるといえるでしょう。

署名がない場合

普通方式の遺言は、遺言者の署名押印がなければ無効です。署名押印の場所は問いません。ただし、自筆証書遺言について署名押印が遺言書自体にはなく封書にある場合、遺言書と一体の部分に署名押印があったとして、その遺言を有効とした判例があります。なお、封印のある自筆証書遺言や秘密証書遺言は、家庭裁判所において、相続人（またはその代理人）の立会いの下で開封しなければなりません。

遺言書が複数枚見つかった場合

遺言書が数通ある場合として、相続人別に遺言書を書いたときや、前に書いた遺言書を破棄しないまま新しく遺言書を書き直したときなどが考えられます。法律的に正しい形式を備えて作成されている遺言書であれば、いずれの遺言書も有効です。ただし、数通の遺言書の内容に矛盾がある場合には、矛盾している部分については、新しい日付の遺言書の内容が有効になります。

なお、遺言書が２通見つかった場合に、２通の作成日が同じであれば、作成時刻が書かれていない限り、どちらが新しいかがわかりません。この場合、内容に矛盾がある部分については、両方の遺言書が無効とされる可能性がありますが、無効となるのは矛盾する部分についてだけであり、遺言書の全体が無効となるのではありません。

さらに、１通は公正証書遺言、もう１通は自筆証書遺言という場合も考えられます。この場合も、遺言の内容についての効力は、作成日の前後によります。つまり、法律上の形式を備えていれば、前の遺言と後の遺言の方式が異なっていたとしても、内容が矛盾する部分について前の遺言が取り消されるということに変わりはありません。

3 遺言がある場合の遺産分割協議はどうする

遺言があっても遺産分割協議が必要な場合がある

遺言があっても遺産分割協議が必要な場合とは

相続において、遺言は最優先されるため、遺言があれば遺産分割協議は必要ないのではと思われがちです。しかし、遺言の内容が遺産の一部についてのものや、「長男に遺産の４分の１を相続させる」など単に相続分の指定にとどまるものである場合には、他の遺産や、具体的に承継する遺産についての取り決めなど、相続人全員の話し合いが必要となります。また、すべての遺産についての遺言が残されている場合であっても、相続人全員の同意があれば、遺言の内容とは異なる遺産分割協議を行うことも可能です。このとき、①遺言に遺言執行者が指定されている場合や、②包括遺贈者がいる場合は、この者も含めて遺産分割協議を行う必要があります。

①　遺言に遺言執行者が指定されている場合

遺言執行者とは遺言の内容を実現するため、遺言の執行に必要な一切の行為をする権利義務を有する人のことで、相続財産の管理や処分などに関する権限を持っています。遺言に遺言執行者が指定されている場合、遺言執行者を除外して遺産分割協議を行うと、無効となりますので注意が必要です。つまり、遺言執行者が指定されている場合は、遺言と異なる遺産分割をするには、相続人全員の同意だけでなく遺言執行者の同意も必要となるわけです。

②　包括受遺者がいる場合

遺言で財産を贈与することを遺贈といいますが、遺贈には特定の遺産を承継させる「特定遺贈」と、包括的に遺産の全部または一部を承継させる「包括遺贈」があります。

特定遺贈の場合は、遺贈の対象が明確に指定されているので、特定受遺者（特定遺贈を受ける人）は他の相続財産については無関係です。そのため、特定受遺者が相続人以外の第三者である場合、遺言に記載されていない相続財産についての遺産分割協議には、特定受遺者を含める必要はありません（逆に特定受遺者を含めると遺産分割協議は無効となります）。これに対し、たとえば「Aさんに財産の半分を遺贈する」というように、遺贈する財産を特定せず、遺贈する財産の割合だけを指定する包括遺贈では、具体的にどの遺産を承継するかについて、相続人と協議する必要があります。包括受遺者は、プラスの財産だけでなく、指定された割合について借金などのマイナス財産も引き継ぐことになります。そのため、包括受遺者は相続人と同じ権利義務を持つ立場にあるので、包括受遺者を除外して行われた遺産分割協議は無効となります。

なお、「Aさんにすべての財産を遺贈する」とする包括遺贈（全部包括遺贈）があった場合は、遺産分割の余地はありませんので、遺産分割協議は不要です。

■ すべての遺産に遺言が残されている場合の遺産分割協議 ………

	注意点など
遺言に遺言執行者が指定されている場合	・遺言執行者を除外して遺産分割協議を行うと、遺産分割協議が無効になる ・遺言と異なる遺産分割をするには、相続人全員の同意だけでなく遺言執行者の同意も必要になる
包括受遺者がいる場合	具体的にどの遺産を承継するのか、相続人と協議する必要がある ⇒包括受遺者は、プラスの財産だけでなく、指定された割合について借金などのマイナス財産も引き継ぐことになる ∴包括受遺者は相続人と同じ権利義務を持つため、包括受遺者を除外して行われた遺産分割協議は無効

Q 遺産分割後に遺言書が見つかった場合にはどうなるのでしょうか。

A 遺産分割後に遺言書が見つかったときは、原則として遺産分割が無効になります。また、ある相続人が遺言書を隠匿していた場合は、その相続人が相続欠格によって相続権を失う結果、相続人の変化が生じますから、これによる遺産分割の無効の問題も生じます。以下、いくつか特殊な場合を考えてみましょう。

① 認知の遺言

相続開始後に認知があった場合にあたるので、遺産分割は無効とならず、認知された子から相続分相当の価格賠償が請求されます。

② 廃除または廃除取消の遺言

その後の家庭裁判所の審判で廃除または廃除取消が確定すると、遺産分割に加わる者が変わるため、遺産分割は無効になります。

③ 単独包括遺贈の遺言

単独包括遺贈とは、遺産の全部を１人に遺贈するものです。単独包括遺贈により単独取得となりますから、遺産分割は無効です。以後は分割の対象がなくなり、再分割の協議は必要ありません。

④ 特定遺贈の遺言

特定遺贈の対象財産は分割の対象外となりますから、その限度で遺産分割は無効になります。また、遺言が遺産分割全体に対する影響を及ぼすものであれば、その全体が無効になります。

4 遺贈と相続の違いについて知っておこう

遺言で相続分の指定があればそれに従う

遺贈について

遺贈とは、遺言者の一方的な意思表示（単独行為）である「遺言」によって効果が生じる、財産の贈与をいいます。これに対して、遺贈と同様に、贈与者が死亡することによって財産の贈与が生じるものに、死因贈与があります。

遺贈を含めた遺言の制度は、被相続人の生前における最終意思を法的に保護し、その人の死後にその実現を図るために設けられているものです。自分の死後のことについて、生前に財産分けを口にするとかえってトラブルになることもありますし、生前には伝えたくないこともあるため、民法は遺言の制度を設けています。

遺言は、民法で定められた普通方式または特別方式を備えた遺言書（40ページ）を作成した場合に限り、法的効力が与えられます。

遺言に記載する事項は、一般には財産処分に関することがほとんどです。財産を与える人（遺言をした人）を遺贈者といい、財産をもらう人を受遺者といいます。遺贈は遺贈者が受遺者に対し財産を与えるものですが、人の死亡を原因として財産を取得するという点では相続と同じですから、受遺者には贈与税でなく相続税が課税されます。

受遺者については、遺贈者が自由に決めることができます。配偶者や子などの相続人はもちろん、内縁の配偶者、相続権のない親族（孫や兄弟姉妹など）、血縁関係のない第三者でもかまいません。会社やNPOなどの法人に遺贈することもできます。

ただし、遺贈に際しては遺留分に注意しなければなりません。遺留分を侵害した財産処分も法的には有効ですが、後日、受遺者に対し遺留分侵害額請求権（相続法改正前の遺留分減殺請求権に相当）が行使されるおそれがあります。

分割方法の指定がある場合、ない場合

遺言で全遺産について遺産分割方法の指定があれば、相続開始と同時に、遺言に基づいて当然に遺産が分割され、遺産分割協議の余地はありません。ただし、相続人や受遺者の全員が同意すれば、遺産分割方法の指定がなかったものとして、あらためて全員で遺産分割をすることができます（遺言執行者がいる場合は、その同意が必要です）。

一方、遺言で全遺産について遺産分割方法の指定がない場合は、遺贈の態様によって遺産分割が必要になることがあります。

①　特定遺贈の場合

特定遺贈とは「不動産はＡに、株式はＢに」というように、遺言者の有する特定の財産を具体的に特定して無償で与える遺贈です。特定遺贈の対象となった財産は、遺産分割の対象から外れますから、対象とされていない財産について、遺産分割協議をすることになります。その際、相続人に対して特定遺贈がなされた分（遺贈額）については、特別受益（24ページ）として扱われることに注意を要します。なお、

■ 相続・遺言・死因贈与・生前贈与

	内容	相続人・受遺者	課せられる税
相続	被相続人の死亡によって財産が移転	一定の身分関係の人が相続人になる	相続税
遺贈	遺言書による財産の一方的な贈与	遺言者が指定した受遺者	相続税
死因贈与	人の死亡を条件とする贈与契約	贈与者が指定した受贈者	相続税
生前贈与	生前に財産を無償で譲渡する贈与契約	贈与者が指定した受贈者	贈与税

遺言により全遺産を遺贈していれば、遺産分割の余地はありません。

②　包括遺贈の場合

包括遺贈とは、遺言者が財産の全部または一部を一定の割合を示して遺贈する方法で、全部包括遺贈と割合的包括遺贈があります。

全部包括遺贈の場合は、遺産分割を経ることなく、相続開始と同時に、すべての資産と負債が当然に受遺者に移転します。

割合的包括遺贈とは、たとえば「Aに全財産の３分の１を、Bに全財産の４分の１を遺贈する」「全財産の30％を○○に遺贈する」というものです。この場合は、その割合を基準とした遺産分割が必要になるのが原則です。

遺贈の放棄

財産だけでなく借金があった、あるいは遺産そのものがほしくないなどの事情があれば、受遺者は遺贈を放棄できます。遺贈の放棄の方法は、特定遺贈と包括遺贈で異なることに注意を要します。

特定遺贈の放棄は、いつでも行うことができ、相続人や遺言執行者に対して放棄の意思表示を行います。これに対し、包括遺贈では受遺者となったことを知ったときから３か月以内に家庭裁判所で遺贈の放棄の手続きをとらなければなりません。

■ 遺贈の概要

内容	遺言による財産の一方的な贈与
受遺者	遺贈者が自由に決定可（受遺者との合意は不要）
受遺者の死亡	受遺者が被相続人よりも先に死亡 ➡ 遺贈は無効
遺贈の放棄	特定遺贈の場合、被相続人の死亡後ならいつ放棄しても可。包括遺贈の場合、受遺者となったことを知ったときから3か月以内相続放棄をする必要あり。

第4章

調停などの
相続トラブル解決手段

1 遺産分割協議がまとまらない場合はどうしたらよいのか

遺産分割に関するトラブルは家庭裁判所で解決する

遺産分割調停

相続人間で遺産分割協議がまとまらない、あるいは相続人の中に遺産分割協議に応じない人がいるなど遺産分割において争いが生じた場合は、家庭裁判所へ遺産分割調停を申し立てることになります。

遺産分割調停は、裁判官と調停委員から構成される調停委員会が、中立公正な立場で各相続人から事情を聞いたり、場合によっては妥当な解決策を示すなどして話し合いにより円満に解決できるよう斡旋する手続きです。家庭裁判所が関与するものの、最終的には相続人全員の話し合いによる合意が解決内容となります。この意味で、遺産分割調停は、裁判所という公的な第三者機関を介した話し合いといえます。

遺産分割調停を利用して、相続人全員の合意が得られた場合は、調停調書が作成され、この内容に沿って遺産分割が行われることになります。この調停調書には確定判決と同一の効力が認められるため、調書の内容に従わない相続人がいる場合でも、強制的に手続きを進めることができます。

話し合いができない、合意に達しないなど、遺産分割調停では解決が困難な場合には、自動的に調停手続きから審判手続きへ移行し、家庭裁判所が法律に則って判断を下すことになります。

遺産分割調停の申立て

遺産分割調停は、相続人の一人からでも申し立てることができますが、遺産分割協議が、相続人全員（包括受遺者を含みます）の参加を必須とする手続きであるため、遺産分割調停においても、申立人以外の相続人・包括受遺者全員が相手方となります。

申立先は、相手方のうちの一人の住所地を管轄する家庭裁判所（相続人全員の合意がある場合は、合意された家庭裁判所）です。

申立てに必要となる主な書類は、①申立書（129ページ）、②被相続族人の出生から死亡までの連続した戸籍（改製原戸籍、除籍）謄本、③相続人全員の戸籍謄本（代襲相続が発生している場合は、被代襲者の出生から死亡までの戸籍謄本）、④相続人全員の住民票または戸籍附票、⑤登記事項証明書や預貯金の通帳の写しなど遺産を証明する書類です。

申立費用は、被相続人１人につき1200円分の収入印紙の他、各裁判所で指定されている連絡用郵便切手を提出する必要があります。

遺産分割調停の手続きの流れ

相続人間の話し合いで遺産分割協議が調わない場合は、管轄の家庭裁判所へ必要書類と費用を添えて「遺産分割調停」の申立てを行います。申立てが受理されれば、裁判所が調停を行う日（調停期日）を決定し、申立人および相手方に第１回目の期日が書かれた呼出状が送られてきます。期日に裁判所へ出頭すると、申立人と相手方はそれぞれ「調停室」と呼ばれる部屋へ個別に入室し、調停委員と話しをすることになります。１回の期日で両者の話し合いがまとまれば、そこで調停は終わりますが、話し合いがまとまらない場合は第２回、第３回と期日が続行され、話し合いが続けられていくことになります。

遺産分割調停を利用して相続人全員が合意に達すれば、調停調書が作成されます。一方、合意に達しない場合は、調停を取下げない限り自動的に「遺産分割審判」へ移され、通常の裁判と同様に当事者は主張立証を行うことになります。

遺産分割調停では、相続人間で遺産をどのように分けるかを決定する手続きであることから、相続人が確定していることと、遺産の範囲が確定していることが前提となります。遺産の範囲に争いがある場合、遺産分割調停でも、遺産の範囲について当事者全員で合意できれば解決することも可能ですが、遺産分割調停で合意を形成することが困難なケースもあり、このようなときは先に「遺産確認の訴え」など民事訴訟を提起することになります。

遺産分割審判

遺産分割調停が不成立に終わると、別途審判の申立てを行うことなく、自動的に調停が行われた家庭裁判所で遺産分割審判の手続きが開始されることになります。

家族間の紛争を扱う家事事件では、話し合いによる解決が望ましいと考えられています。このため、いきなり審判の申立てや訴訟の提起をするのではなく、まずは調停から始めなければならないとする調停前置主義が、原則として採用されています。離婚や親権の変更などはこの調停前置主義が採用されていますが、遺産分割については、調停前置主義は採用されていません。したがって、遺産分割調停を申し立てることなく、いきなり遺産分割審判を申し立てることも可能です。ただ、遺産分割事件も家族間の紛争に変わりはないことから、審判を申し立てても裁判所の判断によって、まずは調停に付されるのが通常です。

遺産分割審判の手続きの流れ

遺産分割調停では、申立人と相手方がほとんど顔を合わせることなく手続きが進められていきますが、遺産分割審判では、そうはいきません。通常の訴訟と同じく、期日には相続人全員が法廷に会して、互いに主張立証を行います。

遺産分割審判では、自らの主張を書面にまとめ、その主張を裏付ける証拠を提出します。そして、双方の主張立証が出尽くしたと裁判官が判断すれば、どのように遺産を分割すべきかについて、審判（決定）という形で一定の判断が下されます。審判の内容は審判書という書面に記載され、各当事者に交付されます。

審判の内容に不服がある者は、審判書が送達された日の翌日から起算して２週間以内に、審判をした家庭裁判所に対して、即時抗告という不服申立てをする必要があります（即時抗告の審理は高等裁判所が行います）。２週間以内に不服申立てがなければ審判は確定します。審判書も調停調書と同様、確定判決と同一の効果があるため、審判書の内容に基づいて強制執行が可能になります。

調停調書・審判書と相続登記

遺産分割調停や遺産分割審判で不動産を取得することになった相続人は、相続を証する書面として遺産分割調停調書の謄本または遺産分割審判書の謄本（確定証明書付）を提出すれば、他の相続人の協力なくして、単独で相続登記をすることができます。このとき、被相続人の出生から死亡までの戸籍謄本の添付は不要です。

■ 遺産分割調停・審判の流れ

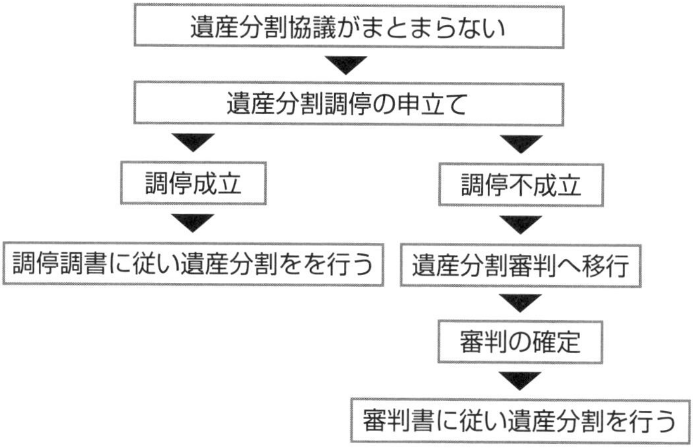

2 遺産分割以外の相続トラブルの解決策を知っておこう

家庭裁判所の調停・審判や民事訴訟を利用する

相続人の範囲に争いがある場合

遺産分割を行うには、まず「誰が相続人か」（相続人の範囲）を確定し、次に「何が遺産に含まれるか」（遺産の範囲）を確定する必要があります。相続人の確定は、通常、被相続人の出生から死亡までの戸籍（改製原戸籍、除籍）謄本の記載に従って行います。ただし、被相続人が認知症を発症した後に養子縁組をしていたり、意識不明の状態で婚姻届が提出されていた場合などは、被相続人との身分関係に争いが生じる可能性があります。このような場合は養子縁組無効確認の訴えや婚姻の無効確認の訴えなどを家庭裁判所へ行うことになります。この他にも、他人の子を実子として届け出ていたような場合に、被相続人との親子関係がないことを確認するための親子関係不存在確認の訴えや、死後認知を求めるための認知の訴えなどの提起も、相続人の範囲に争いが生じた場合に利用される手続きです。

いずれの訴えも、身分関係を争うものなので、原則として調停前置主義が採用されます。そのため、訴えを起こすにはまず調停を申し立てる必要があります。調停において当事者間で話し合い、合意が成立しないときは訴えを提起することになります。

遺産の範囲に争いがある場合

たとえば、被相続人名義の不動産であっても、相続人の一人がその不動産を購入する資金を出していた場合には、この不動産を遺産に含めるかどうかで揉めることがあります。相続人間の話し合いで解決できればいいのですが、解決できない場合は、裁判所の手続きが必要となります。このように、遺産の範囲に争いがある場合、裁判所の手続きとして2つの解決策が考えられます。

まずは、家庭裁判所へ遺産分割調停を申し立て、話し合いの中で、当該不動産を遺産に含めるか否かについて合意を形成する方法が考えられます。合意に達すれば、家事調停委員を交えてどのように遺産を分割するかを話し合うことになります。他方、合意が形成できない場合は、調停不成立となって、自動的に審判手続きへ移行するので、遺産分割審判において、裁判官に当該不動産が遺産に含まれるか否かを判断してもらうことになります。ただし、遺産分割審判において、遺産の範囲についての判断は、あくまでも遺産分割を行う前提にすぎないため、遺産の範囲については既判力（一度確定判決をうけた事項について当事者は別途争うことはできず、裁判所もその内容に拘束されるという効力）が認められていません。そのため、後日、他の相続人が訴訟を提起して、再度遺産の範囲が争われる危険性があります。

次に、調停ではなく、直接、裁判所へ「遺産確認の訴え」を提起する方法が考えられます。遺産確認の訴えは、民事訴訟となるため家庭裁判所ではなく、相手方の住所地を管轄する地方裁判所へ訴えを提起しなければなりません。また、固有必要的共同訴訟と考えられているため、訴えを提起した人を除く相続人全員を相手方とする必要があります。なお、遺産確認の訴えで遺産の範囲が確定すれば、それを前提として家庭裁判所へ遺産分割調停または遺産分割審判を申し立てることになります。

遺留分侵害額請求訴訟の提起

兄弟姉妹以外の相続人には、最低限の相続割合である「遺留分」が認められています。遺留分が侵害されたときは、遺留分を侵害する受遺者や受贈者（相手方）に対し、遺留分侵害額請求権（相続法改正前の遺留分減殺請求権に相当）を行使することになります。遺留分侵害額請求権は行使の意思表示をすれば、法的効力が発生するとされていますが、相手方が遺留分相当額の金銭の支払い（相続法改正前は財産の返還）をしない場合、まず家庭裁判所へ遺留分侵害額請求調停を申し立てることになります。そして、ここで調整不成立になった場合には、次に地方裁判所へ遺留分侵害額請求訴訟を提起することになります。これは、遺留分に関する紛争も家事事件として調停前置主義が採用されますが、遺産分割のように調停不成立の場合に自動的には審判手続きに移行しない点から、調停で解決しなければ別途、訴訟を提起する必要があるためです。

遺言の無効を訴える

被相続人が遺言書を遺していた場合は、遺産分割は被相続人の意思を尊重して遺言内容に沿って行われるのが原則です。

ただし、遺言が認知症などで遺言能力がない状態で作成された場合や、特定の相続人が有利になるよう脅されて遺言書が作成された疑いがあるなど、遺言の有効性に疑義が生じるケースも少なくはありません。その場合には、まず家庭裁判所へ遺言無効確認調停を申し立て、調停が不成立な場合には地方裁判所へ遺言無効確認訴訟を提起することになります。遺言についての争いも、遺留分と同様に家事事件とされているため、調停前置主義が採用されているからです。

■ 遺産分割以外のトラブルと手続き

相続人の範囲に争いがある	婚姻無効の訴え、養子縁組無効の訴え 親子関係不存在の訴え　など
遺産の範囲に争いがある	遺産分割調停・審判、遺産確認の訴え
遺留分について争いがある	遺留分侵害額の請求調停・訴訟
遺言について争いがある	遺言無効確認調停・訴訟

3 家庭裁判所の手続きが必須の相続手続きもある

相続放棄・限定承認は必ず家庭裁判所で手続きをしなければならない

相続放棄・限定承認

被相続人の財産のすべて放棄する「相続放棄」と、プラスの財産の範囲内でマイナス財産を引き継ぐ「限定承認」は、いずれも、相続の開始を知った日から３か月以内に、家庭裁判所で手続きを行わなければ、マイナス財産を含むすべての財産を相続したものとみなされることになります（これを単純承認といいます）。

なお、財産が多岐にわたる、あるいは遠方に複数の不動産があるなど、財産の調査に時間がかかり、３か月以内の熟慮期間内に相続放棄等の申立てができないときは、家庭裁判所へ「相続の承認又は放棄の期間の伸長」の申立てを行えば、熟慮期間を伸長してもらえる可能性があります。

相続放棄に必要な書類

相続放棄は、被相続人の最後の住所地を管轄する家庭裁判所へ、下記の書類をそろえて申立てを行います。

① 相続放棄申述書（次ページ）
② 被相続人の住民票除票又は戸籍附票
③ 相続放棄をする人の戸籍謄本
④ 被相続人の死亡の記載のある戸籍謄本（被相続人の親などの直系尊属、兄弟姉妹が相続放棄をする場合は、被相続人の出生から死亡までの戸籍（改製原戸籍、除籍）謄本が必要です）などで、１人につき800円分の収入印紙の他、各裁判所で指定されている連絡用郵便切手を手続き費用として提出する必要があります。

書式　相続放棄申述書

受付印	相続放棄申述書
	（この欄に収入印紙８００円分をはる。）
収入印紙　　円 予納郵便切手　　円	（はった印紙に押印しないでください。）

準口頭		関連事件番号　平成　　年（家　　）第　　号

東京　家庭裁判所　御中 令和　○　年　6　月　1　日	申述人 （未成年者などの場合は法定代理人） の署名押印	山口浩二　㊞

添付書類	申述人・法定代理人等の戸籍謄本 2 通　　被相続人の戸籍謄本 1 通

申述人	本籍	東京（都）道府県　渋谷区大山町○丁目○番地		
	住所	〒151－0000　　電話03（○○○○）○○○○ 東京都渋谷区大山町○丁目○番○号　（　　方）		
	フリガナ 氏名	山《ヤマ》口《グチ》浩《コウ》二《ジ》	大正（昭和）平成 44年 1月16日生	職業　会社員
	被相続人との関係	※被相続人の……①子　2 孫　3 配偶者　4 直系尊属（父母・祖父母）　5 兄弟姉妹　6 おいめい　7 その他（　　）		
法定代理人	※ 1 親権者 2 後見人 3	住所　〒　－　　電話（　　） （　　方）		
		フリガナ 氏名	フリガナ 氏名	
被相続人	本籍	東京（都）道府県　渋谷区大山町○丁目○番地		
	最後の住所	申述人の住所と同じ	死亡当時の職業	無職
	フリガナ 氏名	山《ヤマ》口《グチ》久《ヒサシ》	平成31年 4 月15 日死亡	

（注）太枠の中だけ記入してください。※の部分は、当てはまる番号を○で囲み、被相続人との関係欄の7、法定代理人等欄の3を選んだ場合には、具体的に記入してください。

申　立　て　の　趣　旨
相　続　の　放　棄　を　す　る　。

申　立　て　の　理　由	
※ 相続の開始を知った日………平成 31年 4月15日	
① 被相続人死亡の当日	3 先順位者の相続放棄を知った日
2 死亡の通知をうけた日	4 その他（　　）

放　棄　の　理　由	相　続　財　産　の　概　略		
※ 1 被相続人から生前に贈与を受けている。 2 生活が安定している。 3 遺産が少ない。 4 遺産を分散させたくない。 ⑤ 債務超過のため。	資産	農地……約　　　平方メートル 山林……約　　　平方メートル 宅地……約　　　平方メートル 建物……約　　　平方メートル	預金 預貯金………約 200 万円 有価証券……約 300 万円
6 その他（　　　　　　）	負　債……………………約 2,000 万円		

（注）太枠の中だけ記入してください。※の部分は、当てはまる番号を○で囲み、申述の実情欄の４、放棄の理由欄の６を選んだ場合には、（　　）内に具体的に記入してください。

4 内容証明郵便の書き方、出し方について知っておこう

トラブル解決や法的な手段をとる際の証拠づくりとして活用する

内容証明郵便とは

遺産分けや遺留分など、相続をめぐるさまざまなトラブルを解決するための手段として内容証明郵便を利用することができます。内容証明郵便は、誰が、どんな内容の郵便を、誰に送ったのか、を郵便局（日本郵便株式会社）に証明してもらえる特殊な郵便です。

内容証明郵便は、受取人が１人の場合でも、同じ内容の文面の手紙を最低３通用意する必要があります。ただし、全部手書きである必要はなく、コピーでも大丈夫です。郵便局ではそのうち１通を受取人に送り、１通を局に保管し、もう１通は差出人に返してくれることになっています。同じ内容の文面を複数の相手方に送る場合には、「相手方の数＋２通」を用意することになります。

作成した同文の書面３通（受取人が複数ある場合には、その数に２通を加えた数）と、差出人・受取人の住所氏名を書いた封筒を受取人の数だけ持って、郵便局の窓口へ持参します。郵便局は、近隣のうち集配を行う郵便局と地方郵便局長の指定した無集配郵便局を選んでください。その際、字数計算に誤りがあったときなどのために、訂正用の印鑑を持っていくのがよいでしょう。

郵便局に提出するのは、内容証明の文書、それに記載された差出人・受取人と同一の住所・氏名が書かれた封筒です。窓口で、それぞれの書面に「確かに何日に受け付けました」という内容の証明文と日付の明記されたスタンプが押されます。その後、文書を封筒に入れて再び窓口に差し出します。そして、引き替えに受領証と控え用の文書が交付されます。これは後々の証明になりますから、大切に保管して

おいてください。なお、内容証明郵便には、配達証明をつけるのが一般的です。

■ 内容証明郵便の書き方

用　紙	市販されているものもあるが、とくに指定はない。 B4判、A4判、B5判が使用されている。
文　字	日本語のみ。かな（ひらがな、カタカナ）、漢字、数字（算用数字・漢数字）が使用できる。 外国語不可（英字は固有名詞に限り使用可）。
文字数と行数	縦書きの場合　：20字以内×26行以内 横書きの場合①：20字以内×26行以内 横書きの場合②：26字以内×20行以内 横書きの場合③：13字以内×40行以内
料　金	文書1枚（440円）＋郵送料（84円）＋書留料（435円）＋配達証明料（差出時320円）＝1279円 文書が1枚増えるごとに260円加算

■ 内容証明郵便を書く際の注意事項

- **句読点**
  「、」や「。」は1文字扱い
- **□の扱い**
  文字を□で囲うこともできるが、□を1文字としてカウントする。たとえば、「角角」という記載については3文字として扱う
- **下線つきの文字**
  下線をつけた文字については下線と文字を含めて1文字として扱う。たとえば「3か月以内」は5文字扱い
- **記号の文字数**
  「%」は1文字として扱う。「㎡」は2文字として扱う
  「」や（）などの括弧は全体で1文字としてカウントする
- **1字下げをした場合**
  文頭など、字下げをした場合、空いたスペースは1字とは扱わない

記載例１　ある相続人から他の相続人に対する遺産分割協議の申入書

申入書

令和○年○月○日に父が亡くなり、３カ月が過ぎようとしています。

そろそろ、父が残した財産の整理について、兄弟の間で話し合いをする時期かと思います。そこで、令和○年○月○日に、私の自宅で協議を行いたいと思います。

もし、この日に都合が悪いようでしたら、ご一報下さい。宜しくお願い致します。

令和○年○月○日

東京都○○区○○１丁目２番３号

○○○○　㊞

東京都○○区○○３丁目４番５号

○○○○殿

Advice

遺言で遺産の分割方法が指定されていない限り、相続人同士で、遺産の分け方（**遺産分割**）を決めることができる。遺産分割は相続人全員で行わなければならないので、まずは相続人全員を集める必要がある。この場合、電話や通常のハガキで遺産分割協議をする旨を伝えてもよいが、確実に相手に伝える手段として、内容証明郵便を利用したほうが確実である。

遺産分割は、原則として自由にできるが、遺産分割を禁止する内容の遺言があった場合と、相続人同士で遺産分割を禁止した場合には、遺産分割ができない。ただし、遺産分割の禁止期間は５年を超えることはできない（民法256条、908条）。

記載例２　遺言執行者から遺贈を受けた者に遺贈条件の履行を促す請求書

請求書

○○○○氏は、遺言の中で、貴殿に対し、東京都○○区○○町○丁目○番○号の土地と建物を遺贈しました。

○○○○氏は、貴殿に、上記土地と建物を与えるに当たって、毎月金○万円を、△△△△氏に与えることを条件としました。

しかし、貴殿は、上記土地と建物を譲り受けて以来、一度として△△△△氏に対して、金○万円を与えておりません。

つきましては、本書面到達後、２週間以内に、これまでの滞納分○○万円を支払い、今後も△△△△氏に、毎月金○万円を支払って頂くようお願い致します。

なお、お支払がない場合には、家庭裁判所に、遺贈の取消しを請求致しますことを申し添えておきます。

令和○年○月○日

東京都○○区○○１丁目２番３号

遺言執行者　○○○○　㊞

東京都○○区○○３丁目４番５号

○○○○殿

Advice

遺贈の際に一定の条件（義務）をつけることがある（負担付遺贈）。その条件を満たさない場合、相続人や**遺言執行者**は、期間を定めてその条件を満たすように催告することができる。それでも義務が果たされない場合には、家庭裁判所に遺言の取消しを請求できる（民法1027条）。

記載例３　分割がすんでいない遺産の処分差止請求書

請求書

令和○年○月○日に、△△△△が死亡致しました。まだ、亡くなってから日が浅いこともあり、開始した相続については、遺産分割を行っておりません。そのため、△△△△の遺産は我々相続人の共有状態にあります。

そんな中で、貴殿は、自分が住んでいる東京都○○区○町○丁目○番○号の土地建物を売却しようとしています。

上記の土地建物は、貴殿が占有しているものの、登記名義も実質的な所有者も△△△△でした。つまり、上記の土地建物は、現在、我々相続人の共有物といえます。

そのため、遺産分割協議により、分割がなされるまでは、処分をしないようお願い致します。

令和○年○月○日

東京都○○区○○１丁目２番３号

○○○○　㊞

東京都○○区○○３丁目４番５号

○○○○殿

Advice

不動産・動産・預貯金といった遺産は、遺産分割が行われるまで、各々が相続人同士の共有になる。そのため、相続人は、自らの持分を超えて、遺産を勝手に処分（売却など）できない。2018年の相続法改正により、遺産を処分（持分の範囲内を含む）した相続人以外の相続人全員が同意した場合、具体的相続分を算出する際に処分された財産を遺産に組み戻すことが可能になった。勝手に遺産を処分しようとする相続人には、早めに差止請求をしておくとよい。

記載例４　銀行に対する相続した預貯金債権の仮払い請求書

請求書

私は、令和○年○○月○○日に死亡した被相続人甲野乙郎の、法定相続分４分の１を有する相続人です。なお、被相続人甲野乙郎の遺産に関して、遺産分割協議は終了しておりません。

この度、被相続人甲野乙郎の葬儀費用の支払いのため、御行に対して被相続人が有していた下記預貯金債権額のうち、民法９０９条の２に基づき、金２５万円に関して、払い戻しを請求致します。

記

指定口座　○○銀行○○支店
店　　番　０００
科　　目　普　通
口座番号　００００００
口座名義人　甲　野　乙　郎
預金額　３，０００，０００円

令和○年△月△日

○○県○○市○○区○○条○丁目○番○号

○○○○　㊞

○○銀行○○支店　御中

Advice

2018年の相続法改正により、相続人が、遺産分割協議の成立前であっても、一定額を上限として、遺産に含まれる被相続人の預貯金債権の払い戻しを受けることが可能になった。原則として、相続開始時点で存在する預貯金債権額の３分の１に相当する金額に、払い戻しを求める相続人の法定相続分を乗じた金額を上限として、払い戻しを請求することができる。相続法改正では、預貯金債権について、家庭裁判所による仮分割の仮処分の要件が緩和された。

記載例５　生存配偶者の短期居住権を理由として受遺者の退去請求を拒否する通知書

通知書

貴殿は、令和○年○○月○○日に死亡した△△△△の遺言により、下記建物の所有権を取得されました。私は、△△△△の配偶者であり、相続開始時点で、△△△△所有の同建物を無償で使用しておりました。

よって、私は配偶者短期居住権を取得しております。したがって、貴殿は令和○年□□月□□日付で、私に対して、同建物からの退去を請求されましたが、私は配偶者短期居住権を行使致しますので、令和○年□□月□□日より６か月を経過するまでの間、同建物を引き続き使用することが可能でございます。つきましては、貴殿による、令和○年□□月□□日付の同建物からの即時退去請求を拒否致したく、その旨を通知申し上げます。

物件の表示

所　　在　○○県○○市○○区○○条○丁目○番地○の建物

家屋番号　○番○

種　　類　居　宅

構　　造　鉄筋コンクリート造１階建

床 面 積　５２．５㎡

令和○年△月△日

○○県○○市○○区○○条○丁目○番○号

○○○○　㊞

○○県○○市△△区○○条○丁目□番□号

○○○○　殿

Advice

2018年の相続法改正により、生存配偶者が相続開始時点で被相続人所有の建物に無償で居住していた場合、①遺言がなければ遺産分割終了時まで、②生存配偶者以外の者に建物の所有権が帰属する内容の遺言があれば、所有者が退去請求をした日から６か月経過時まで、引き続き無償で建物を使用することができるようになった（配偶者短期居住権）。

書式　遺産分割調停申立書

受付印	遺産分割　☑ 調停　□ 審判　申立書
	（この欄に申立て１件あたり収入印紙１，２００円分を貼ってください。）
収入印紙　　円	
予納郵便切手　　円	（貼った印紙に押印しないでください。）

東京 家庭裁判所 御中 令和 1 年 5 月 9 日	申立人 （又は法定代理人など） の記名押印	伊藤 清 ㊞

添付書類	（審理のために必要な場合は，追加書類の提出をお願いすることがあります。） ☑ 戸籍（除籍・改製原戸籍）謄本（全部事項証明書）合計 4 通 □ 住民票又は戸籍附票　合計　　通　□ 不動産登記事項証明書　合計　　通 ☑ 固定資産評価証明書　合計 5 通　☑ 預貯金通帳写し又は残高証明書　合計 2 通 □ 有価証券写し　合計　　通　□	準口頭

当事者		別紙当事者目録記載のとおり	
被相続人	本籍（国籍）	東京 ㊟都 道 府 県　文京区××○丁目○番地	
	最後の住所	東京 ㊟都 道 府 県　文京区××○丁目○番○号	
	フリガナ 氏名	伊藤《イトウ》 正《タダシ》	平成29年12月14日死亡

申立ての趣旨
被相続人の遺産の分割の（ ☑ 調停 ／ □ 審判 ）を求める。

申立ての理由	
遺産の種類及び内容	別紙遺産目録記載のとおり
被相続人の債務	□ 有 ／ □ 無 ／ ☑ 不明
☆ 特別受益	☑ 有 ／ □ 無 ／ □ 不明
遺言	□ 有 ／ ☑ 無 ／ □ 不明
遺産分割協議書	□ 有 ／ ☑ 無 ／ □ 不明
申立ての動機	□ 分割の方法が決まらない。 □ 相続人の資格に争いがある。 ☑ 遺産の範囲に争いがある。 □ その他（　　　　）

（注）太枠の中だけ記入してください。
□の部分は該当するものにチェックしてください。
☆の部分は，被相続人から生前に贈与を受けている等特別な利益を受けている者の有無を選択してください。「有」を選択した場合には，遺産目録のほかに，特別受益目録を作成の上，別紙として添付してください。

遺産（1/ ）

(942100)

当 事 者 目 録

☑申立人 □相手方	本籍（国籍）	東京 都 道 府 県 文京区××○丁目○番地	
	住所	〒 112－0000 東京都文京区××○丁目○番○号 （ 方）	
	フリガナ 氏名	伊藤《イトウ》 清《キヨシ》	大正 昭和 平成 33年 5月 12日生 （ 60 歳）
	被相続人との続柄	長男	
□申立人 ☑相手方	本籍（国籍）	東京 都 道 府 県 文京区××○丁目○番地	
	住所	〒 112－0000 東京都文京区××○丁目○番○号 （ 方）	
	フリガナ 氏名	伊藤《イトウ》 真紀子《マキコ》	大正 昭和 平成 38年 1月 18日生 （ 56 歳）
	被相続人との続柄	長女	
□申立人 ☑相手方	本籍（国籍）	東京 都 道 府 県 文京区××○丁目○番地	
	住所	〒 165－0000 東京都中野区××○丁目○番○号 （ 方）	
	フリガナ 氏名	伊藤《イトウ》 昭夫《アキオ》	大正 昭和 平成 39年 6月 28日生 （ 56 歳）
	被相続人との続柄	次男	
□申立人 □相手方	本籍（国籍）	都 道 府 県	
	住所	〒 － （ 方）	
	フリガナ 氏名		大正 昭和 平成 年 月 日生 （ 歳）
	被相続人との続柄		
□申立人 □相手方	本籍（国籍）	都 道 府 県	
	住所	〒 － （ 方）	
	フリガナ 氏名		大正 昭和 平成 年 月 日生 （ 歳）
	被相続人との続柄		

（注）□の部分は該当するものにチェックしてください。

遺産（ / ）

(942102)

第5章

相続登記の手続き

1 相続登記について知っておこう

不動産を相続した場合に登記申請を行う

どんな場合に必要になるのか

不動産の所有者が死亡した場合、その不動産の所有者が不在となるため、相続登記という相続人に対する名義変更の手続きが必要です。具体的には、死亡者（被相続人）から不動産の相続人に対し、相続を原因とする所有権移転登記を行います。

登記申請書には、相続人の住所・氏名（共有の場合は各人の持分）と相続年月日（死亡年月日）を記載します。

不動産の相続については、まず法定相続分で登記することが考えられます。たとえば、遺言がなく相続人が複数いる場合は、各不動産を法定相続分に応じて相続人が共有する状態になるので、そのことを登記することがあります。また、特定の相続人が特定の不動産を相続するという遺言（特定財産承継遺言といいます）や遺産分割の内容に従い、登記することもあります。

相続人が１人しかいない場合、遺産分割協議の問題は発生せず、その相続人名義で登記をすればよいのですが、相続人が１人しかいないケースは少なく、複数人いるのが通常です。その場合、一般的には、法定相続分で登記するよりも、遺言や遺産分割に基づき、特定の相続人が単独で特定の不動産の所有権を取得するか、法定相続分とは異なる割合で特定の不動産を相続することの方が多いでしょう。

遺産分割協議の成立後に相続登記を申請する場合、まず法定相続分に従って相続登記を行い、その後、相続人間の遺産分割協議の結果に沿った登記をするのが本来の順序です。しかし、これでは二度手間ですから、遺産分割協議の結果に従い、相続を原因とする所有権移転登記を直接申請する方法が認められており、通常はこの方法をとります。

こんな紛争が起こる可能性がある

遺産分割協議が成立したものの、相続登記をせずに放置した場合のトラブルの例を挙げておきましょう。

たとえば、Ａが死亡し、その相続人は２人の子ＢとＣだけで、彼らがＡの土地を相続したとします（法定相続分は２分の１ずつ）。ＢＣ間で遺産分割協議が成立し、土地をＢが単独で相続することになりました。しかし、Ｂの登記がなされる前に、Ｃが土地の相続登記をして、自己の法定相続分（持分）を第三者Ｄに売却してしまいました。

この場合、Ｃの持分（２分の１）について、Ｂは、Ｄが背信的悪意者（登記のないことを主張するのが信義則に反するような悪質な者のこと）でない限り、Ｄに対して土地全部の所有権を主張できなくなります。つまり、Ｂは、遺産分割協議によって土地全部の所有権を取得したはずでしたが、もはや土地について２分の１の持分しか取得できません。そして、残りの２分の１の持分を取得したＤと、その土地の所有権を共有することになってしまいます。

■ 相続登記をめぐるトラブル

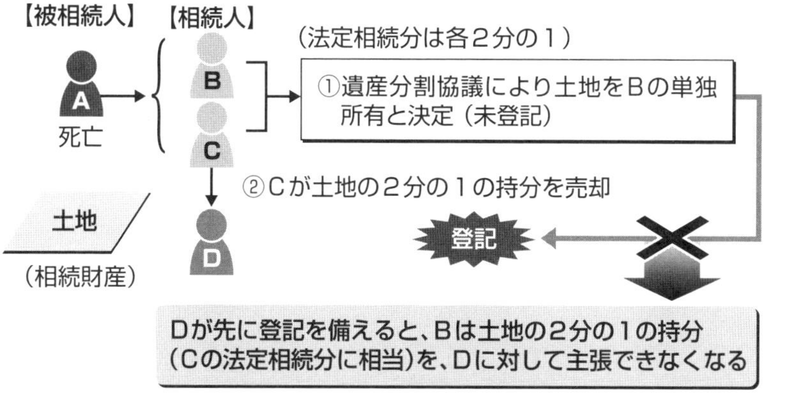

2 相続登記申請時にはどんな書類を提出するのか

登記申請時には登録免許税を納付する

申請にはどんな書類が必要か

相続登記を申請するには、以下の書類が必要になります。

① 登記申請書

「相続」という登記原因、相続発生の年月日、相続人の住所・氏名といった登記事項などを記載します。

② 登記原因証明情報

相続を登記原因とする所有権移転登記を申請するには、登記原因証明情報として、被相続人の出生から死亡までの連続した戸籍（除籍、改製原戸籍）謄本と、相続人の戸籍謄本の他、遺産分割協議書や遺言書などが必要です。遺産分割協議書には、原則として相続人全員の印鑑証明書を添付します。自筆証書遺言を添付する場合は、家庭裁判所が発行する検認済証明書も併せて提出することが必要です。

2018年の相続法改正では、法務局で自筆証書遺言を保管する制度が創設され、法務局で保管された自筆証書遺言については家庭裁判所の検認手続きは不要となります（施行は2020年７月10日以降）。

③ 住所証明書

相続人の実在性を証明するために、市区町村の発行した住民票の写しを登記申請書に添付します。印鑑証明書でもかまいません。

④ 代理権限証書

相続人に代わって司法書士などの代理人が登記申請を行う場合には、代理権を証する書面として委任状を添付します。委任状には、代理人の住所・氏名を記入し、相続による所有権移転登記を委任する旨、不動産の表示などを記入します。作成の年月日も忘れないように記入しましょう。最後に委任者の住所・氏名を記入し、押印します。

⑤ 固定資産評価証明書

登記申請書には、登録免許税の額と課税価格（登録免許税を算出する課税対象となる不動産の価額）の1000円未満を切り捨てた額を記載します。登記申請書に記載する課税価格は、地方税法による固定資産課税台帳に登録された不動産の価額をもとに計算しますので、市区町村の発行する申請する年度分の評価証明書を登記申請書に添付しなければなりません。

登記申請時には登録免許税を納めます。税額は課税価格の1000分の４です（100円未満は切り捨て）。納付方法には、現金納付と印紙納付があり、後者が一般的です（オンライン申請の場合は電子納付も可）。

現金納付の方法による場合には、郵便局など指定の納付場所で納付し、その領収証を登記申請書に貼り付けて法務局に提出します。印紙納付の場合には、登録免許税に相当する金額の収入印紙を登記申請書に貼り付けて法務局に提出します。申請書に貼り付ける余白のない場合は、別の白紙（台紙）に貼り付けて、申請書にとじ込み、申請書と台紙との綴り目に申請人が契印してください。

■ 登録免許税の例

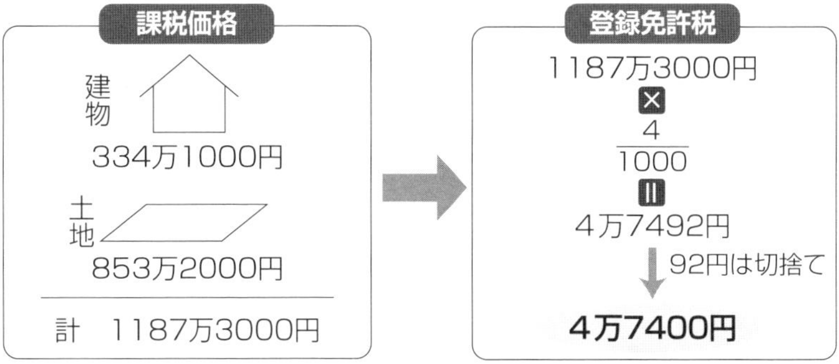

3 相続登記の登記原因証明情報について知っておこう

相続が発生したことを証明するもの

登記原因証明情報とは

「相続」という登記原因が発生したというには、被相続人が死亡した事実とその相続人が誰であるかを証明する必要があります。そのため、登記原因証明情報として、被相続人が死亡した旨の記載のある戸籍謄本に加え、以下の書面が必要です。

・戸籍謄（抄）本と除籍謄本など

被相続人については、死亡した旨の記載のある戸籍謄本の他、死亡時から遡って出生時または12～13歳頃までの記載がある戸籍謄本、除籍謄本、改製原戸籍謄本が必要です。これによって、最終的に相続人となる者が誰であるのかを確定することができます。また、相続人全員が実在していることを証明するために、相続人全員の戸籍謄本を添付することも必要です。なぜなら、被相続人が死亡する前に、相続人になると思われていた者（推定相続人）が死亡していると、代襲相続が発生する場合や、相続順位の下位の者が相続人となる場合があるからです。被相続人の死亡日以降も相続人が存命している点を、ここで確定しておくことが重要です。

・被相続人の住民票の除票（または戸籍の附票）の写し

登記記録には名義人の住所・氏名が、戸籍謄本には被相続人の本籍地と氏名が記載されています。同名異人がありうるため、登記記録上の名義人と被相続人が同一人物であるとは言い切れません。法務局は、原則として住所と氏名が一致した場合に同一人であると認めます。登記記録上の名義人が戸籍謄本上の亡くなった被相続人であるのか、両者の同一性を証明する必要があります。そのため、被相続人の本籍地の記載のある住民票の除票の写しや戸籍の附票などを提供する必要があります。

ところで、生前に住所移転したにもかかわらず、登記記録に反映させていなかった場合などがあります。住民票の除票の写しや戸籍の附票の写しに記載された被相続人の最後の住所と登記記録上の住所が異なる場合は、登記記録上の住所から最後の住所までの連続性を証する書面の提供が必要です。令和元年６月20日から、住民票の除票は被相続人が亡くなってから150年、戸籍の附票は除票となってから150年が保存期間とされました。しかし、従前はそれぞれ５年の保存期間とされていたため、すでに廃棄されてしまった場合はこれらを取得できないこともあります。その場合は、廃棄済証明書および上申書（相続人全員の署名または記名と実印による押印があるもの）などの書類で、被相続人と登記記録上の名義人との同一性を証明することになります。

・代襲相続が発生している場合

代襲相続とは、配偶者や直系尊属を除く相続人が、被相続人よりも先に亡くなっている、あるいは相続欠格に該当している、または相続廃除をされている場合に、本来の相続人（被代襲者）の代わりに、その子など（代襲相続人）が代わりに相続することをいいます。代襲相続は、相続人が子または兄弟姉妹の場合に認められます。たとえば、被相続人の子が先に亡くなっていた場合、その子に子（被相続人から見れば孫）がいれば、被相続人の孫が子の代襲相続人となります。この場合、代襲相続が発生したことを証明するため、被代襲者の出生から死亡までの戸籍（除籍、改製原戸籍）謄本と、代襲相続人全員の現在の戸籍謄本が登記原因証明情報として必要となります。

・遺産分割協議書

遺産分割協議の内容に従って相続登記をする場合は、協議内容を証明するために遺産分割協議書を登記原因証明情報の一部として提供しなければなりません。遺産分割協議書には原則として相続人全員が実印を押印し、その印鑑証明書を添付します。遺産分割が家庭裁判所の審判か調停によって行われたときは、その審判書か調停調書の正本を添付します。未成年者と同時にその法定代理人（未成年者の親など）も相続人となるときは、家庭裁判所で特別代理人を選任してもらう必要があります。この場合、未成年者本人に代わり特別代理人が署名押印するため、特別代理人の印鑑証明書および家庭裁判所の特別代理人選任審判書の正本を申請書に添付する必要があります。

・相続分皆無証明書（特別受益証明書）

被相続人から特別受益（24ページ）にあたる贈与や遺贈を受けた相続人（特別受益者）は、とくに贈与や遺贈をされた財産の価値が、その人の相続分の価値と同じか、または相続分を超えていると、相続分を受けることができません。この場合、相続分皆無証明書（特別受益証明書）を登記原因証明情報の一部として提供します。証明書には、証明者が署名（記名）押印します。この場合の押印は実印でする必要があり、印鑑証明書も必要です。

なお、遺産分割協議で特別受益者が何も相続しないことを定めた場合は、遺産分割協議書によって特別受益者の相続分がないことを証明できますので、相続分皆無証明書の作成は不要となります。

・相続放棄申述受理証明書

相続人の中に相続を放棄した者がいる場合、その者は最初から相続人ではなかったことになります。したがって、相続人の全員が誰であるかを証明する書類の一部として、家庭裁判所から交付された「相続放棄申述受理証明書」を提供します。相続放棄申述受理証明書の代わりに「相続放棄等の申述有無についての照会に対する家庭裁判所からの回答書」や「相続放棄受理通知書」を添付しても問題ありません。

・遺言書

相続分の指定、遺産分割方法の指定、相続人の廃除は遺言で行うことができます。遺言書に基づいて相続を原因とする所有権移転登記を申請する場合は、遺言書も登記原因証明情報の一部となります。ただし、公正証書遺言以外の遺言書は、家庭裁判所で検認を受ける必要があります（相続法改正後は自筆証書遺言が検認不要となる場合あり、40ページ）ので、家庭裁判所が発行する検認済証明書を添付します。

・相続関係説明図

戸籍謄本や除籍謄本などの原本還付を請求する場合、相続関係説明図を作成して、これを登記申請書に添付すれば、戸籍謄本等のコピーを添付する必要はなく、登記完了後に原本が返却されます。ただし、相続関係説明図で原本還付を受けられるのは戸籍謄本や除籍謄本などに限られ、遺産分割協議書、遺言書、住所証明書の原本還付を受けるには、コピーを添付する必要があります。

相続関係説明図の書き方はとくに法定されているわけではなく、用紙のサイズにも制限はありません。一般的には、まず、被相続人の最後の本籍、最後の住所、登記簿上の住所を記載します。次に、被相続人と相続人の関係を家系図の要領で作成します。それから、家系図に、被相続人の死亡年月日、相続人それぞれの関係性（妻、長男など）、相続の内容（法定相続か遺産分割か、相続人に放棄者や特別受益者がいるかなど）などを盛り込みます。

■ 相続による所有権移転登記の登記原因証明情報 ……………………

・被相続人の出生から死亡までの連続した戸籍（除籍、改製原戸籍）謄本
・被相続人の住民票の除票（本籍地および死亡の記載があるもの）
・相続人の戸籍謄本（現在戸籍）

上記に加えて、下記書類の添付が必要です。

遺産分割協議による場合	遺産分割協議書 ＋ 相続人全員の印鑑証明書
遺言による場合	公正証書遺言 自筆証書遺言 ＋ 検認済証明書
相続人の中に相続放棄をした者がいる場合	相続放棄申述受理証明書

4 相続に関する登記申請書類はどのように作成するのか

登記申請書には被相続人の氏名の記載が必要である

相続による所有権移転登記に関する注意点

相続登記における登記原因証明情報では、①被相続人の死亡の事実、②死亡年月日、③相続人となる者の証明が必要です。このため、被相続人の出生から死亡までの連続した戸籍（除籍、改製原戸籍）謄本の提出が要求されます。また、相続人となる者が現に存在することを証明するため、相続人の戸籍謄本（抄本でも可）の添付も必要です。

この他、登記原因証明情報としては、登記簿上の住所と戸籍に記載されている本籍とのつながりを証明するため、被相続人の本籍地の記載のある住民票の除票の写しが必要です。また、遺言書があれば遺言書の添付も要しますが、公正証書遺言以外の場合は家庭裁判所の検認が必要で、検認を経ていない遺言書を提出した場合は、申請が却下されます（相続法改正後は法務局で保管されている自筆証書遺言は検認手続きが不要となります、40ページ）。また、遺産分割協議が成立している場合は、相続人全員が実印を押印した遺産分割協議書に印鑑証明書を添付して申請します。そして、相続人の中に相続放棄をした者がいる場合は、家庭裁判所が発行した相続放棄申述受理証明書の添付が必要です。

なお、相続関係説明図を提出した場合は、原本還付の際に、被相続人の戸籍（除籍、改製原戸籍）謄本および相続人の戸籍謄本（抄本）のコピーの提出を省略することができます（前ページ）。

これら登記原因証明情報の他、添付書類として、住所証明書、代理権限証書、固定資産評価証明書が必要です（134 ～ 135ページ）。また、登録免許税として課税価格の1000分の４を納付します。

登記の目的、登記原因の記載の仕方

登記の目的は「所有権移転」です。登記原因は「令和○年○月○日相続」とし、日付は戸籍に記載された死亡日を記載します。

相続登記の場合は、相続人による単独申請が認められています。相続人が複数いる場合は、相続の方法により申請人となる者が異なることから、以下具体的に説明します。たとえば、被相続人がＡ、相続人が子Ｂ・Ｃの場合に、①法定相続分で登記をするときは、相続人のうち１人が単独で登記申請ができます。この場合（ここではＢの単独申請）の申請書の記載は、下記のようになります。

> 相続人（被相続人Ａ）
> 東京都目黒区××一丁目２番３号
> (申請人）持分２分の１Ｂ
> 東京都目黒区××二丁目１番２号
> 持分２分の１Ｃ

一方、②遺産分割協議または遺言書によりＢが単独で取得した場合は、Ｂが単独で登記申請し、申請書に「相続人（被相続人Ａ）住所Ｂ」と記載します。

■ 登記申請に必要なもの

登記申請書 ＋ 添付書類

- 登記原因証明情報
  - 戸籍（除籍、改製原戸籍）謄本
    遺産分割協議書 など
- 住所証明書
- 代理権限証書（代理権限証明情報）
- 固定資産評価証明書

書式　相続した場合の登記申請書

登　記　申　請　書

登記の目的　　所有権移転
原　　　因　　令和○○年○月○日相続
相　続　人　　(被相続人　鈴　木　隆　志)
　　　　　　　東京都○○区○○町○丁目○○番地
　　　　　　　　　　　　鈴　木　広　志　㊞
　　　　　　　　連絡先の電話番号　００－００００－００００

添付書類
　　登記原因証明情報　住所証明書
□ 登記識別情報の通知を希望しません。

令和○○年○月○日申請　○○ 法 務 局　○○支局
課税価格　金○○○○万円
登録免許税　金○○万円
不動産の表示
　所　　　在　　○○市○○町○丁目
　地　　　番　　○○番○
　地　　　目　　宅地
　地　　　積　　○○.○○㎡
　　　　　　　　　　　　価格　金○○○○万円

　所　　　在　　○○市○○町○丁目○番地
　家 屋 番 号　　○○番○
　種　　　類　　居　宅
　構　　　造　　木造瓦葺２階建
　床　面　積　　１階　○○.○○㎡
　　　　　　　　２階　○○.○○㎡
　　　　　　　　　　　　価格　金○○○○万円

書式　遺産分割協議書

遺産分割協議書

本　　　籍　東京都○○区○○町○丁目○○番地
最後の住所　東京都○○区○○町○丁目○○番○○号
被 相 続 人　鈴 木 隆 志（令和○○年○○月○○日死亡）

上記の者の相続人全員は、被相続人の遺産について協議を行った結果、次のとおり分割することに合意した。

１．相続人鈴木広志は次の財産を取得する。

【土地】
所　　在　東京都○○区○○町○○丁目
地　　番　○○番○
地　　目　宅地
地　　積　○○○.○○㎡

【建物】
所　　在　東京都○○区○○町○○丁目
家屋番号　○○番○
種　　類　居宅
構　　造　木造瓦葺２階建
床 面 積　１階　○○.○○㎡
　　　　　２階　○○.○○㎡

【預貯金】
○○銀行○○支店　普通預金　口座番号○○○○

２．本協議書に記載のない遺産及び後日判明した遺産については、相続人鈴木広志が取得する。

以上のとおり、遺産分割協議が成立したので、本協議書を２通作成し、署名押印の上、各自１通ずつ所持する。

令和○○年○○月○○日
住　　所　東京都○○区○○町○丁目○○番地
　　　　　相続人　鈴 木 広 志　㊞
住　　所　東京都○○区○○町○丁目○○番○○号
　　　　　相続人　鈴 木 恭 子　㊞

書式　相続関係説明図

被相続人　鈴木隆志　相続関係説明図

最後の本籍　東京都○○区○○町○丁目○○番地
最後の住所　東京都○○区○○町○丁目○○番○○号
登記簿上の住所　東京都○○区○○町○丁目○○番○○号

令和○○年○月○日死亡
（被相続人）鈴木隆志

妻　鈴木順子
昭和○○年○月○日生
平成○○年○月○日死亡

（相続人）
長男　鈴木広志
昭和○○年○月○日生
住所　東京都○○区○○町
○丁目○○番地

（遺産分割協議者）
長女　鈴木恭子
昭和○○年○月○日生
住所　東京都○○区○○町
○丁目○○番○○号

相続を証する書面は還付した	㊞

書式　相続分皆無証明書

証明書

私は、生計の資本として被相続人から、すでに財産の贈与を受けており、被相続人の死亡による相続については、相続する相続分の存しないことを証明します。

令和○○年○月○日
（本籍）東京都○○区○○町○丁目○番地
被相続人　鈴木隆志
（住所）東京都○○区○○町○丁目○○番○号
右相続人　鈴木恭子　㊞

5 遺贈の登記手続きについて知っておこう

遺言執行者の有無により記載の仕方が変わってくる

遺贈に関する登記申請書類の作成の際の注意点

遺贈の登記は、受遺者を権利者とし、遺贈者である登記名義人を義務者として申請することになります。ただし、遺贈者はすでに死亡していることから、遺言執行者がいる場合には、その遺言執行者が、遺言執行者がいない場合には、遺贈者の相続人の全員が、それぞれ義務者として登記手続きを行うことになります。

この際、登記申請書の義務者の欄には、遺言執行者がいる場合は「亡甲野次郎」と遺贈者の氏名・住所を記載し、遺言執行者がいない場合は「亡甲野次郎相続人 甲野花子」と相続人の氏名・住所を記載します。遺言執行者が司法書士等の代理人に登記申請を依頼する場合には、遺言執行者を委任者とする委任状を作成し、実印を押印した上で遺言執行者の印鑑証明書を添付します。代理人が登記申請をする場合、登記申請書には遺言執行者の氏名は明記されません。

登記原因証明情報としては、遺言書（公正証書遺言を除き検認を要するのが原則）と遺贈者の死亡を証する情報（死亡の記載のある戸籍謄本など）を提供しなければなりません。遺言執行者がいる場合は、遺贈者の戸籍謄本は出生までさかのぼる必要はありません。

遺言により遺言執行者が指定されている場合は遺言書と遺言者の死亡の記載のある戸籍謄本が、家庭裁判所が遺言執行者を指定した場合は遺言書と家庭裁判所の選任審判書が、それぞれ代理権限証明情報になります。遺言執行者がない場合は、相続証明情報として、相続人であることを証する戸籍謄本を提出します。

登録免許税は、課税価格（固定資産評価証明書に記載された価格。

1000円未満切捨て）の1000分の20です（100円未満切捨て）。

なお、相続人が受遺者となる場合は、相続と同じく課税価格の1000分の４に減額されますが、この場合は受遺者が相続人であることを証する戸籍謄本などの書面を提出する必要があります。

その他気をつけること

遺贈者である所有権の登記名義人の登記簿上の住所と死亡時の住所とが異なるときは、遺贈の登記に先立ち、所有権の登記名義人の住所の変更登記を申請しなければなりません。住所変更登記は、遺言執行者、または相続人（うち１人でも可）が行うことになりますが、受遺者が遺言者に代位して単独で登記申請を行うこともできます。

■ 遺贈のケースごとの登記義務者と代理権限証明情報 ……………

	登記義務者	代理権限証明情報
遺言書で遺言執行者が指定されている場合	遺贈者	・遺言書※ ・遺贈者の死亡の記載のある戸籍謄本
家庭裁判所で遺言執行者が指定されている場合	遺贈者	・遺言書※ ・家庭裁判所の選任審判書の正本
遺言執行者の指定がない場合	遺贈者の相続人	・遺言書※と死亡の記載のある戸籍謄本は登記原因証明情報となる ・相続証明情報として相続人であることを証する戸籍謄本を提出

※公正証書遺言以外の遺言書（自筆証書遺言など）の場合は、家庭裁判所の検認済証明書の添付が必要です。ただし、相続法改正後は、自筆証書遺言について検認不要となる場合があります。

書式　遺贈による所有権移転登記申請書（遺言執行者がいる場合）

登　記　申　請　書

登記の目的　　　所有権移転
原　　　因　　　令和○○年○月○日遺贈
権　利　者　　　○○市○○町○丁目○番地
　　　　　　　　　　　鈴　木　花　子
義　務　者　　　○○市○○町○丁目○番地
　　　　　　　　　　亡　甲　野　次　郎
添付書類
　登記識別情報又は登記済証　登記原因証明情報
　印鑑証明書　住所証明書　代理権限証明情報
登記識別情報（登記済証）を提供することができない理由
　□不通知　□失効　□失念　□管理支障　□取引円滑障害
　□その他（　　　）□登記識別情報の通知を希望しません。

令和○○年○月○日申請　○○ 法 務 局　○○支局

代理人　○○市○○町○番地
　　　　　　　　司法書士　吉田太郎　㊞
　　　　　　　　連絡先の電話番号03－○○○○－○○○○
課税価格　　金○○○○万円
登録免許税　金○○万円
不動産の表示
　所　　在　○○市○○町○丁目
　地　　番　○○番○
　地　　目　宅地
　地　　積　○○.○○㎡

書式　遺言書（遺言執行者を選任する場合）

遺　言　書

遺言者甲野次郎は、次のとおり遺言する。

第1条　遺言者は遺言者が所有する次の不動産を、内縁の妻鈴木花子（昭和○年○月○日生、○○市○○町○丁目○番地在住）に遺贈する。

土地

所　　在　○○市○○町○丁目

地　　番　○○番○

地　　目　宅地

地　　積　○○.○○㎡

第2条　遺言者は前条記載の財産を除く、遺言者の有するその他一切の財産は、長女甲野花子（昭和○○年○月○日生）に相続させる。

第3条　遺言者は、本遺言の実現のため遺言執行者として次の者を指定する。

○○市○○町○番地

司法書士　吉田太郎

（昭和○年○月○日生）

令和○○年○月○日

○○市○○町○丁目○番地

甲　野　次　郎　　㊞

書式　遺贈による所有権移転登記申請書（遺言執行者がいない場合）

登　記　申　請　書

登記の目的　　　所有権移転
原　　因　　　令和○○年○月○日遺贈
権 利 者　　　○○市○○町○丁目○番地
　　　　　　　　　　鈴　木　一　郎
義 務 者　　　○○市○○町○丁目○番地
　　　　　　亡甲野次郎相続人　甲野花子
　　　　　　　○○市○○町○丁目○番地
　　　　　　亡甲野次郎相続人　甲野太郎

添付書類
　登記識別情報又は登記済証　登記原因証明情報
　印鑑証明書　住所証明書　代理権限証明情報　相続証明情報
登記識別情報（登記済証）を提供することができない理由
　□不通知　□失効　□失念　□管理支障　□取引円滑障害
　□その他（　　　）□登記識別情報の通知を希望しません。
令和○○年○月○日申請　○○ 法 務 局　○○支局
　代理人　○○市○○町○番地
　　　　　　　司法書士　吉田太郎　㊞
　　　　　　　連絡先の電話番号03－○○○○－○○○○
課税価格　　金○○○○万円
登録免許税　金○○万円
不動産の表示
　所　　在　○○市○○町○丁目
　地　　番　○○番○
　地　　目　宅地
　地　　積　○○.○○㎡

書式　遺言書（遺言執行者の選任がない場合）

遺　言　書

遺言者甲野次郎は、次のとおり遺言する。

第１条　遺言者は遺言者が所有する次の不動産を、お世話になった友人鈴木一郎（昭和○年○月○日生、○○市○○町○丁目○番地在住）に遺贈する。

【土地】

所　　在　○○市○○町○丁目

地　　番　○○番○

地　　目　宅地

地　　積　○○.○○㎡

第２条　遺言者は、遺言者が所有する次の不動産を、長男甲野太郎（昭和○○年○月○日生）に相続させる。

【土地】

所　　在　○○市▲▲町○丁目

地　　番　○○番○

地　　目　宅地

地　　積　○○.○○㎡

第３条　遺言者は前二条記載の財産を除く、遺言者の有するその他一切の財産は、長女甲野花子（昭和○○年○月○日生）に相続させる。

令和○○年○月○日

○○市○○町○丁目○番地

甲　野　次　郎　　㊞

6 申請書類の綴じ方や補正について知っておこう

不備があっても後から訂正できる

申請書類を整理しておく

申請書や添付書類の大きさ、綴じ方は法律で決められているわけではありませんが、現在ではＡ４横書きで作成し、左側を綴じるのが一般的です。申請書を作成し、添付書類がそろったら、再度書き残しや間違いがないかを確認し、図（次ページ）のような順序で綴じます。さらにグループ別に分けた書類を大型のクリップでとめて提出します。

①　A グループ（法務局へ提出用の書類）

提出用に必要な書類は、登記申請書、登録免許税納付用台紙、相続関係説明図、原本還付を受ける書類（原本）のコピー（遺産分割協議書、印鑑証明書、住民票（除票を含む）の写し、固定資産評価証明書などのコピー）、委任状などです。これらの書類を重ねて、左側をホチキスやこよりなどで綴じます。

②　B グループ（申請人に返還されるもの）

原本還付を受ける書類です。Ａグループで相続関係説明図を添付すれば、戸籍謄本などはコピーなしで原本還付されます（139ページ）。

補正が必要になる

登記申請書に何の不備もなければ、記入係に回されて、登記記録に記録されます。申請書に不備が見つかった場合でも、不備を補正できるのであれば、登記官は申請を却下せずに、申請人に対して補正を指示します。なお、補正しない場合、申請は却下されることになりますが、実務では、不備を説明した上で、申請人に取下げを促している場合も多いようです。

書面申請の場合、登記申請書に申請人の電話番号などの連絡先を記載することになっています。申請書、添付書類などに不備があり、そのままでは登記の実行ができない場合、いつまでに補正を行うように法務局から電話がかかってきます。そこで、補正の要請があった場合には、補正期限内に法務局に行き、補正をすることになります。登記官には、補正の必要がある場合に必ず申請人に連絡をしなければならない義務があるわけではありませんが、通常、そのままでは登記できない不備がある場合には、連絡があるでしょう。

なお、不動産登記の場合は、郵送で書面申請を行ったとしても、郵送で補正をすることはできず、申請先の法務局に行って補正する必要がある点に注意を要します。オンライン申請の場合は、補正もオンラインで行うことになります（法務局での補正は不可）。

■ 申請書の綴じ方

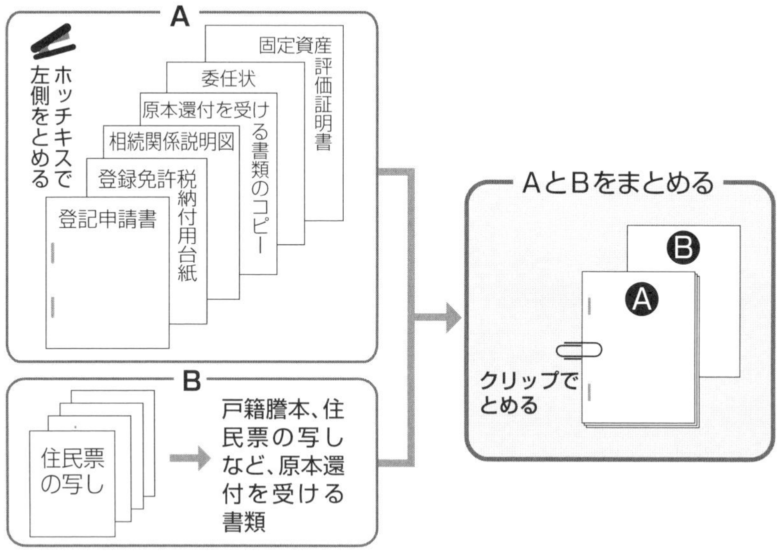

7 法定相続情報証明制度について知っておこう

相続手続きに必要な書類の提出・還付の繰り返しが避けられる

どんな制度なのか

法定相続情報証明制度とは、相続人等が登記所（法務局）に法定相続情報一覧図を提出することで、認証文が付けられた法定相続情報一覧図の写しの交付が受けられるという制度です。この制度が始まる前、相続人等は関係役所や金融機関等に対して相続関係を証明するために、大変煩雑な手続きを強いられていました。

たとえば、相続登記では、不動産の名義人である被相続人の死亡と相続人の範囲を証明するために、被相続人が出生してから死亡するまでの戸籍謄本等と住民票の除票の写しが必要となります。また、これらに加えて、相続人の戸籍謄本も準備しなければなりません。戸籍謄本等だけでも場合によっては何十通も必要になります。この他に相続関係説明図など必要な書類は膨大です。

そして、被相続人名義の預貯金や証券口座があれば、相続登記と同様の相続関係を証明する手続きを、銀行や証券会社に対しても行う必要があります。なお、このとき、相続登記が先に済んでいれば、登記所（法務局）から還付してもらった戸籍謄本等の原本を再利用することはできます。

しかし、このような膨大な書類を行き来させる従来の方法は、当事者にとってかなりの負担となります。そして、このことが相続登記の申請を敬遠させ、結果的に放置されたままの不動産が増加する大きな要因のひとつになっていると指摘されていました。

そこで、法定相続情報証明制度では、あらかじめ法定相続情報一覧図の認証を受けていれば、戸籍謄本等の代わりに法定相続情報一覧図の写しを１枚提出するだけで、法定の相続関係を証明することが可能になりました。

どんな手続きをするのか

法定相続情報証明制度の利用を希望する相続人（または一定の代理人）は、登記所（法務局）に対して、被相続人の出生から死亡までの戸籍謄本等、住民票の除票の写し、相続人の戸籍謄本、これらに基づき作成した法定相続情報一覧図、及び申出書を提出します。手数料は無料です。そして、登記官が確認の上、認証文付きの法定相続情報一覧図の写しを交付します。法定相続情報一覧図には、被相続人の氏名・最後の住所・死亡年月日等、相続人の氏名・住所・被相続人との関係性などが記載されます。

相続人は、各種相続手続きを行う上で、各機関にこの法定相続情報一覧図の写しを提出すれば足り、大量の書類を関係機関との間で行き来させる必要がなくなります。なお、法定相続情報一覧図の写しの交付は、法定相続情報一覧図の保管期間（申出日の翌年から５年間）内であれば、再交付を受けることも可能になります。

法定相続情報一覧図作成の仕方

法定相続情報証明制度がスタートした2017年の段階では、戸籍謄本等の代わりに法定相続情報一覧図が利用できる各種機関は限定されていました。しかし、現時点では、ほとんどの金融機関で利用でき、また家庭裁判所の遺産分割調停や相続放棄の手続きでも利用することができるようになりました。

法定相続情報一覧図は、相続関係説明図（139ページ）と同じような図になりますが、法定相続情報一覧図は相続開始時の相続人を証明するためのものなので、相続関係説明図とは相違点もあります。たとえば、被相続人Ａ、相続人として妻Ｂ、長男Ｃ、Ａよりも先に死亡した次男Ｄの子ＥとＦが代襲相続する場合の法定相続情報一覧図における相続人の記載は、下図のようになります。注意点は、被代襲者の表示です。相続関係説明図では被代襲者も他の相続人と同様、氏名を記載しますが、法定相続情報一覧図では被代襲者（死亡年月日）を記載するだけで、氏名の記載は不要です。また、相続人の住所の記載は任意とされており、住所を記載する場合は住民票の写しの添付が必要です。なお、法定相続情報一覧図の作成を登記所（法務局）へ申し出る相続人の氏名の横に（申出人）と記載します。

■ 法定相続情報証明制度を利用するために準備する必要がある書類

● **登記所（法務局）に提出しなければならない書類**

1. 被相続人の戸籍・除籍謄本 ⇒ 出生時から死亡時までの連続した戸籍（除籍、改製原戸籍）謄本
2. 被相続人の住民票の除票の写し
3. 相続人全員の戸籍謄本（抄本）
4. 申出人の住所・氏名確認のための書類 ⇒ 運転免許証のコピーなど

■ 法定相続情報一覧図（相続人の記載の仕方）

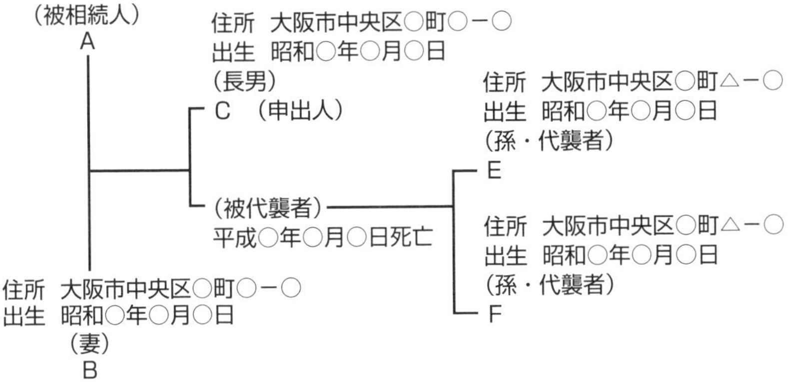

Column

所有者がわからない土地などの登記義務

土地の所有者である被相続人が亡くなると、被相続人から相続人へ土地の登記名義を変える必要があります。これを一般に「相続登記」といいますが、近年では、相続登記をせずに被相続人名義のまま放置されているケースが増えています。

現行法上、相続登記には「いつまでにしなければならない」という期限は設けられてはいませんが、適切に相続登記が行われなければ、その土地の活用を望む企業などの大変な負担になります。たとえば、ある企業が土地の利用を希望する場合、その土地の登記を基に権利者と交渉など手続を進めることになります。しかし、その登記の名義人が死亡した人のままになっていると、その土地の相続人を探すには多大な労力・費用・時間がかかってしまいます。このように所有者不明の土地の増加は、大きな経済的損失をもたらすだけでなく、災害復興目的の公共事業に支障をきたすなど、深刻な社会問題を引き起こしています。また、登記が放置されている土地の中には、犯罪や倒壊の危険のある空家を抱える土地も少なくはありません。そこで、所有者不明の土地や空家問題の抜本的な解決策のひとつとして相続登記の義務化が検討されています。具体的には、所有者の氏名や住所が正確に登記されていない土地については、登記官に所有者を特定する調査権限を付与したり、登記と戸籍を連携させ、相続時に登記簿上の所有者を変更できるシステム作りなどが検討されています。ただ、相続登記が義務化されれば、管理できない土地や、登記手続きに要するコストを下回る価値の低い土地について、相続人には、にその土地の管理など大きな負担を強いる可能性もあります。そこで、相続登記の義務化だけでなく、土地の所有権そのものを放棄できる制度の創設もあわせて検討されています。早ければ2020年には不動産登記法などの関連法の改正が行われる予定です。

第6章
相続財産とその評価

1 なぜ相続財産を評価するのか

遺産分割協議の前に相続財産の中身を調べる

遺産とは何か

遺産とは、被相続人が死亡時に残した財産です。中身もさまざまです。遺産は大きく、ⓐ現金・預金、手形、小切手、不動産、動産、債権、株などのプラスの財産と、ⓑ借金、保証債務、買掛金、預かり品の返還義務などの債務であるマイナスの財産に分類できます。

債務は、この他に相続人から被相続人への生前の貸付や立替金、仮払いなどがあります。たとえば、相続人が立替払いをしていた非相続人の入院費、治療費などがこれに含まれます。ただし、死後に発生する葬儀代、法事の費用などは被相続人の債務ではありません。立替分を相続した遺産から充当するかどうかは、ケースによって違います。

相続税が課される財産には、以下に掲げる財産があります。

①　本来の相続財産

民法の規定によって被相続人から相続または遺贈により取得される財産のことをいいます。ここでいう「財産」は、広い意味に解され、金銭に見積もることができる経済的価値のあるものをすべて含みます。

②　みなし相続財産

ある財産を取得したり経済的利益を受けたことが、実質的に見て相続または遺贈によるものと同じような経済的効果があると認められる場合には、相続または遺贈により取得したものとみなして相続税の課税財産となります。たとえば、生命保険金、退職手当金、生命保険契約に関する権利などがあります（160ページ図参照）。

③　相続開始前３年以内に取得した贈与財産

相続または遺贈により財産を取得した者が、被相続人から相続開始前３年以内に財産の贈与を受けていた場合には、贈与された財産の価額は相続税の課税価格に加算されます。相続または遺贈により財産を取得していない者に対して行われた相続開始前３年以内の贈与については課税対象とはなりません。

④　相続時精算課税により贈与を受けた財産

相続時精算課税制度（210ページ）の届出をして取得した贈与財産の価額は、相続税の課税価格に加算されます。

なお、被相続人の財産であっても、相続できないものがあります。一身専属権と使用貸借権の２つです。一身専属権とは、被相続人だけにしか行使できない権利や義務（親権、扶養料請求権、身元保証人の義務など）のことです。一身専属権の権利や義務は、被相続人の死亡と同時に消滅します。使用貸借権とは、物を無償で貸借する権利のことです。これは、貸主と借主の特別な契約関係で成立しているため、契約当事者の一方の人が死亡すると効力を失います。ただし、不動産の使用貸借については、例外的に相続が認められる場合もあります。

なぜ相続財産の評価をするのか

遺産の中身や価値を正確に把握して、それぞれの財産の価額を評価しておかないと、具体的な遺産分割協議ができません。また、遺産の評価をしないと、相続税の納税額もわかりません。ですから、相続が発生した場合には、遺産を把握して、評価額を算定することになります。仮に、遺産分割がすんでから新たに遺産が出てきた場合には、遺産分割協議をやり直すことになります。なお、遺産分割協議自体を最初からやり直すか、新たに発見された遺産についてのみ遺産分割協議をやり直すかは、ケースによって異なります。

遺産は時価で評価する

相続財産がすべて現金や預貯金であれば評価は簡単なのですが、そのようなケースはまれです。実際の相続財産としては、土地や建物、美術品など容易に評価できないものがほとんどです。また、相続の税務と民法上の遺産分割実務では財産評価が異なることもあるため、注意が必要です。相続税法では、相続人の財産は相続開始日の「時価」で評価すると定められています。生前贈与における評価日は贈与を受けた日とされています。しかし、時価という言葉は、意味としては「そのときの価値」といったところで、かなりあいまいな表現です。

実務上は、「財産評価基本通達」に示された時価の基準に基づいて財産を評価し、相続税を計算します。これは、いろいろな財産の時価の計算方法に関する相続税法の解釈指針です。

■ 相続税の課税対象となる財産

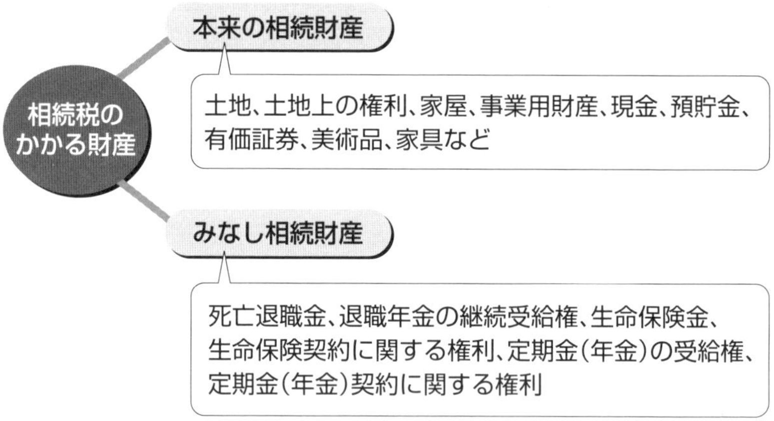

※この他に、相続開始前３年以内に取得した贈与財産と、相続時精算課税により贈与を受けた財産が、相続税の課税対象となる。

2 不動産はどのように評価するのか

確実に自分のものにするには登記をする

各種の不動産の評価方法を知っておく

不動産の評価方法は、通常の土地や家屋の他、農地、山林、賃貸不動産等によって分かれており、次のとおりに行います。

① 土地の評価

国税庁が発表する路線価に基づく路線価方式と、地方自治体が定める固定資産税評価額に基づく倍率方式などを参考にします。

② 農地、山林の評価

路線価方式と倍率方式の評価方法を参考にします。

③ 借地・貸地の評価

地域によりますが、土地の評価額から借地権分（6～7割）を差し引いた価格が貸地の評価額となるのが一般的です。

④ 家屋の評価

固定資産税評価額を参考にします。

■ 時価の種類

種　類	内　容
① 取引価格（実勢売買価格）	現実の売買価格に基づく実勢の価格。
② 公示価格（標準価格）	毎年1月1日に改定され、3月に公表される。取引価格の約90%。
③ 相続税評価額（路線価）	地価公示価格と同時に改定され、7月に公表される。公示価格の約80%。
④ 固定資産税評価額	固定資産税を課税するための時価で3年ごとに見直される。公示価格の約70%。

⑤　借家・貸家の評価

築年数などが評価に影響し、家屋の評価額から一定割合を差し引きます。

土地の時価には４種類がある

土地の時価には、前ページ図の４種類があります。時価の種類のうち、土地にかかる相続税を計算する場合に用いる時価は、相続税評価額（路線価）です。相続税評価額は、実勢の取引価格よりも低く（約70％相当）設定されています。

土地の相続税評価額の算定方式には二種類あり、路線価方式か倍率方式のいずれかの方式で評価して計算することになります。

２つのうちどちらで評価するかは、勝手に選べるわけではなく、所在地によって自動的に決定されます。評価すべき土地がどちらの方式で評価するか不明な場合は、税務署に確認します。

①　路線価方式

路線価が定められている地域（主に市街地）では、路線価方式により評価額を算出します。路線価とは、道路に面する標準的な宅地の１㎡あたりの価額のことです。実務上は、路線価は「路線価図」を見て計算することになります。路線価図は、毎年１回改定されます。この路線価に、土地の立地や形状に応じた修正（補正率あるいは加算率）を加えた後に、その土地の面積を掛けて評価額を計算します。なお、同じ面積の土地であっても、その地形によって利用価値にかなり差が生じます。そのような場合には、その評価額を補正する必要がでてきます。補正する場合に用いる補正率は地区区分によって異なります。地区区分は、路線価図に表示されている「ビル街地区」「高度商業地区」「繁華街地区」「普通商業・併用住宅地区」「普通住宅地区」「中小工場地区」「大工場地区」の７つがあります。

②　倍率方式

一方、路線価が定められていない地域（市街地以外）では、倍率方式により評価額を算出します。この方式は、固定資産税評価額にその地域ごとに定められている一定の倍率を掛けて評価額を計算します。

土地の相続税評価額の算定方式は２種類あると記載しましたが、特殊な場合の例外もあります。２つの方式は、あくまでも国税局が定めた標準的な算定方法であって、特殊な事例で適正な土地評価ができない場合は、３つ目の算定方法として、「不動産鑑定評価額」を基準にして土地の相続税評価額を決める方法も考えられます。

不動産鑑定評価額とは、国家資格を持つ不動産鑑定士が国土交通省

■ 路線価図

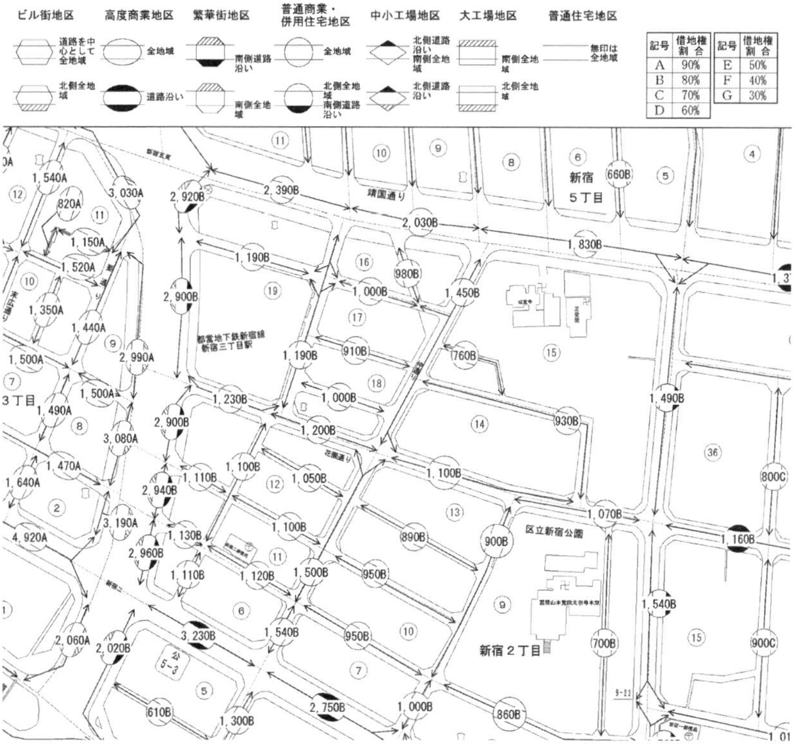

などによって定められた「不動産鑑定評価基準」に基づいて不動産価格を算定するものです。不動産鑑定士による評価であれば、国税局の示した２つの方式では加味されない特殊な事情も算定の対象に加えることができます。場合によっては、評価額を思ったよりも低く算定できる可能性もあります。

地形による補正とは

土地の形状によっては、評価額を求める際に次のような補正を加える必要があります。たとえば、同じ面積の隣り合った土地であっても、一方は、きちんとした長方形をしており、もう一方がゆがんでいるような形をした土地の場合、長方形の土地のほうが評価は高くなります。相続税の評価もこのように土地の使い勝手から見た評価による修正を加えた上で、最終的な評価額を算定します。

①　奥行価格補正

同じ面積の土地だとしても、形状の違いによって、その土地の奥行の距離は異なります。この場合に、土地の奥行の距離に応じて路線価を補正するのが奥行価格補正です。

②　側方路線影響加算（角地加算）

交差点などの角地は、一般的に利用価値が高いとされています。それを評価額に反映させるために一定の金額を加算します。

③　二方路線影響加算（裏面加算）

表と裏に道路が面している土地は、「二方路線影響加算率表」を用います。評価額の計算については、正面路線価（路線価の高い方のこと）をもとに計算し、加算します。

④　その他

間口（不動産などが道路に接している部分の長さ）が狭い宅地や、間口距離との関係から見て奥行の長い宅地は、適当な間口と奥行のある宅地に比べて価格が下がると考えられています。そこで、その評価

■ 奥行価格補正率表

地区区分 奥行距離（メートル）	ビル街地区	高度商業地区	繁華街地区	普通商業・併用住宅地区	普通住宅地区	中小工場地区	大工場地区
4未満	0.80	0.90	0.90	0.90	0.90	0.85	0.85
4以上　6未満		0.92	0.92	0.92	0.92	0.90	0.90
6 〃 8 〃	0.84	0.94	0.95	0.95	0.95	0.93	0.93
8 〃 10 〃	0.88	0.96	0.97	0.97	0.97	0.95	0.95
10 〃 12 〃	0.90	0.98	0.99	0.99	1.00	0.96	0.96
12 〃 14 〃	0.91	0.99	1,00	1.00		0.97	0.97
14 〃 16 〃	0.92	1.00				0.98	0.98
16 〃 20 〃	0.93					0.99	0.99
20 〃 24 〃	0.94					1.00	1.00
24 〃 28 〃	0.95				0.97		
28 〃 32 〃	0.96		0.98		0.95		
32 〃 36 〃	0.97		0.96	0.97	0.93		
36 〃 40 〃	0.98		0.94	0.95	0.92		
40 〃 44 〃	0.99		0.92	0.93	0.91		
44 〃 48 〃	1.00		0.90	0.91	0.90		
48 〃 52 〃		0.99	0.88	0.89	0.89		
52 〃 56 〃		0.98	0.87	0.88	0.88		
56 〃 60 〃		0.97	0.86	0.87	0.87		
60 〃 64 〃		0.96	0.85	0.86	0.86	0.99	
64 〃 68 〃		0.95	0.84	0.85	0.85	0.98	
68 〃 72 〃		0.94	0.83	0.84	0.84	0.97	
72 〃 76 〃		0.93	0.82	0.83	0.83	0.96	
76 〃 80 〃		0.92	0.81	0.82			
80 〃 84 〃		0.90	0.80	0.81	0.82	0.93	
84 〃 88 〃		0.88		0.80			
88 〃 92 〃		0.86			0.81	0.90	
92 〃 96 〃	0.99	0.84					
96 〃 100 〃	0.97	0.82					
100 〃	0.95	0.80			0.80		

■ 奥行補正の計算例（普通住宅地区）

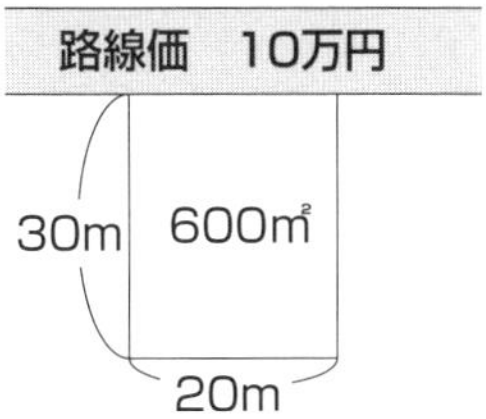

（路線価）　（補正率）　（1㎡当たりの価額）

10万円 × 0.95 ＝ 9万5000円

（㎡）　（評価額）

9万5000円 × 600 ＝ 5,700万円

に関しては、「間口狭小補正率」や「奥行長大補正率」を適用して路線価格を減額修正することができます。また、形状にもよりますが、不整形地（通常の長方形や正方形ではない宅地）や無道路地（道路に接していない宅地）は、減額して評価することができます。

■ 側方路線影響加算率表と計算例（普通住宅地区）……………………

側方路線影響加算率表

地区区分	加算率	
	角地の場合	準角地の場合
ビル街地区	0.07	0.03
高度商業地区 繁華街地区	0.10	0.05
普通商業・併用住宅地区	0.08	0.04
普通住宅地区 中小工場地区	0.03	0.02
大工場地区	0.02	0.01

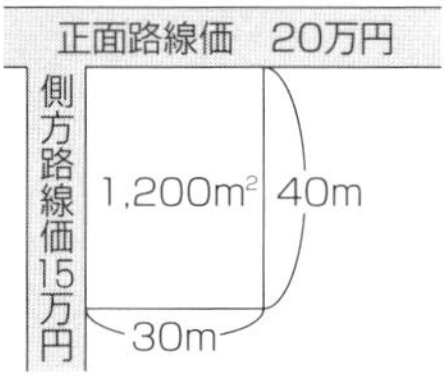

（奥行補正40m）
20万円 × 0.91 ＝ 18万2000円……ア

（奥行補正30m）（側方加算率）
15万円 × 0.95 × 0.03
＝ 4,275円……イ

1㎡当たり　（評価額）
（ア＋イ）×1,200㎡ ＝ 2億2353万円

■ 二方路線影響加算率表と計算例（普通住宅地区）……………………

二方路線影響加算率表

地区区分	加算率
ビル街地区	0.03
高度商業地区 繁華街地区	0.07
普通商業・併用住宅地区	0.05
普通住宅地区 中小工場地区 大工場地区	0.02

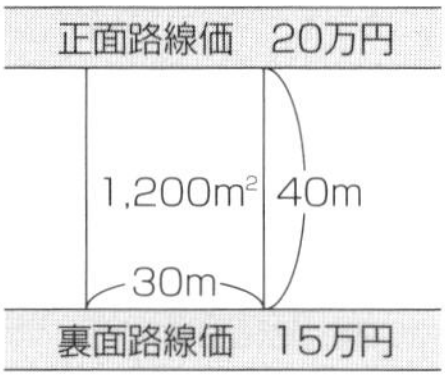

（奥行補正40m）
20万円 × 0.91 ＝ 18万2000円……①

（奥行補正40m）（二方路加算率）
15万円 ×0.91 × 0.02 ＝2,730円…②

1m当たり　（評価額）
（①＋②）×1,200m² ≒ 2億2167万6,000円

3 小規模宅地等の特例について知っておこう

事業用地・居住用の宅地は評価額が軽減される

小規模宅地等の評価の特例とは

事業用の土地や居住用の土地は、生活基盤財産ですから、処分すれば生計が維持できません。そのため、遺産の中に住宅や事業に使われていた宅地等がある場合には、その宅地等の評価額の一定割合を減額する特例が設けられています。これを小規模宅地等の特例といいます。この特例の対象となるのは、以下の要件を満たしている場合です。

① 被相続人または被相続人と生計を一にしていた被相続人の親族の居住または事業のために使用されている宅地等、または特定同族会社や特定郵便局の敷地として使用されている宅地等であること

② 棚卸資産およびこれに準ずる資産に該当しないこと

③ 農地や牧草地以外で建物や構築物の敷地であった宅地

④ 相続税の申告期限までに遺産分割が確定していること

⑤ 相続税の申告期限までに相続人がその土地を取得し、居住や事業のために利用していること

⑥ 被相続人が居住に使用していた宅地を複数所有していた場合、「主として」居住していた宅地に限定

⑦ 相続開始前３年以内に、３親等内の親族または当該親族と特別の関係がある法人が所有する家屋に居住したことがないこと

⑧ 相続開始時に親族が居住の家屋を過去に所有したことがないこと

⑨ 相続開始前３年以内に貸付事業を行った宅地等ではないこと

なお、平成31年度税制改正により、相続前３年以内に事業で使用された宅地であっても、その宅地の上で事業で使用された償却資産の価額が相続時の価額の15％以上ある場合には、特例の適用対象となりました。

評価減率はどうなっている

具体的な評価減率は、次の①～③のようになります。

① 特定居住用宅地等（限度面積330㎡）

申告期限までに、被相続人またはその配偶者と同居または生計を一にしていた親族が、被相続人が居住していた土地を自分の居住用として使う場合、80％の減額となります。被相続人に配偶者や同居している親族がいない場合には、別居の親族でも、持ち家をもたないなど一定の要件を満たせば、本特例の適用を受けることができます。

② 特定事業用宅地等（限度面積400㎡）

申告期限までに、被相続人が事業用に使用していた土地を取得して同じ事業に使う場合、80％の減額となります。

③ 貸付事業用宅地等（限度面積200㎡）

不動産貸付業や駐車場などを営んでいる場合には、200㎡までの宅地部分に関して、50％の減額となります。

たとえば、遊休地を持つ資産家が、事業用建物を建てることで上記②の適用対象となるため、相続税を相当節税できる可能性があります。

なお、２世帯住宅について、被相続人とその親族が各独立部分に分かれて住んでいた場合においても、小規模宅地等の特例が適用されます。

■ 小規模宅地等の減額の計算例

〈設定〉・宅地面積……500㎡　・通常の評価額……１億

ケース	減額される額	課税される額
特定居住用宅地等	１億円×$\frac{330㎡}{500㎡}$×80％ ＝5280万円	１億円－5280万円 ＝4720万円
特定事業用宅地等	１億円×$\frac{400㎡}{500㎡}$×80％ ＝6400万円	１億円－6400万円 ＝3600万円
貸付事業用宅地等	１億円×$\frac{200㎡}{500㎡}$×50％ ＝2000万円	１億円－2000万円 ＝8000万円

4 農地や山林の評価方法について知っておこう

区分によって評価方法が決められている

農地の区分と評価とは

農地は、所在する地域などにより、①純農地、②中間農地、③市街地周辺農地、④市街地農地の４つの区分に分類されています。この区分は、国税庁のホームページ（http://www.rosenka.nta.go.jp/）の評価倍率表に記載されています。

農地の評価方法には、倍率方式と宅地比準方式の２つがあります。

・倍率方式

固定資産税評価額に一定の倍率を掛けたものです。

・宅地比準方式

その農地が宅地であるとした場合の価額を、路線価方式により評価する地域にあってはその路線価により、また倍率地域にあっては、評価しようとする農地に最も近接し、かつ、道路からの位置や形状等が最も類似する宅地の評価額（宅地としての固定資産税評価額×宅地としての評価倍率）に基づいて計算し、その価額から、宅地に転用するとした場合にかかる造成費用を差し引いて評価額とするものです。

前述した農地区分の①と②は倍率方式、③は市街地農地の80％の額、④は宅地比準方式または倍率方式で評価します。また、宅地造成費用については、国税局ごとに一定の金額が定められています。

山林では立木も評価の対象となる

山林の評価方法は、農地の評価方法と似ていて、その所在地などに応じて、①純山林、②中間山林、③市街地山林の３つに区分して評価します。①と②は倍率方式、③は宅地比準方式または倍率方式のいずれかで評価します。山林は実測の面積が登記簿上の面積と異なること（縄のび）があった場合、登記簿上の面積ではなく、実測による地積（土地の面積）を用いて評価します。

また、原野や牧場などの評価は、山林の評価に準じて計算します。この場合は、森林内の立木や果樹も評価の対象となります。その評価は国税局が定める標準価額に、土地の肥え具合を数値化した「地味級」、森林の植栽密度を示す「立木度」などを掛けて評価します。ただ、収益を目的としない果樹などは評価の対象にはなりません。

保安林（公共の目的により伐採や開発などが制限される森林）は固定資産税が非課税ですので、固定資産税評価額を基準にした評価はできません。そのため、森林法で保安林に指定されている山林は、近隣の山林における固定資産税評価額を基準にして評価します。また、保安林は、立木の伐採が制限されている度合いに応じて、30～80％の範囲で減額して評価することができます。

なお、緑地保全地区内山林についても、80％の減額評価とすることができます。詳細は税務署や森林組合に問い合わせてみましょう。

■ 農地・山林の評価方法

農　地

①純農地	固定資産税評価額 × 倍率
②中間農地	固定資産税評価額 × 倍率
③市街地周辺農地	市街地の農地であるとした場合の価格 × 0.8
④市街地農地	宅地とした場合の評価額 － 宅地造成費 または 固定資産税評価額 × 倍率

山　林

①純山林	固定資産税評価額 × 評価倍率
②中間山林	固定資産税評価額 × 評価倍率
③市街地山林	宅地とした場合の評価額 － 宅地造成費 または 固定資産税評価額 × 倍率

5 貸地などはどのように評価するのか

アパートなどの敷地は評価減となる

借地は評価額が低くなる

借地人が死亡した場合は、この借地権も相続の対象になります。借地権の評価額は、通常の土地の評価額（自用地評価額）に、国税局が定める借地権割合を掛けて算出します。

また、地上権も相続の対象となります。地上権の評価額は、自用地評価額に、地上権の残存期間に応じて定められている割合を掛けて算出します。この借地権割合ですが、地域により借地事情が異なるということで、地域ごとに定められ、路線価図や評価倍率表に表示されています。

貸宅地の評価方法

貸宅地（底地）とは、借地権や地上権の対象となっている土地を地主側の立場から見た場合の呼び方です。貸宅地は、借地権や地上権があるため、土地の所有者であっても自由に処分することはできません。そこで、貸宅地の評価額は、通常の宅地の評価額（自用地価額）から借地人の持っている借地権や地上権の価額を差し引いて算出します。

定期借地権が設定されている場合

定期借地権とは、対象となる契約期間や建物の使用目的によって、借地期間が一定期間で解消されることを法的に保証する権利です。定期借地権をもつ地主にとってのメリットは、契約期間が限定されるので、安心して土地を貸すことができることや、一時金として受け取る保証金を長期的に運用ができることなどです。一方、借地人としてのメリットは、安い保証金で土地を借りられることなどです。

一般定期借地権（公正証書等の書面により借地期間を50年以上とし、借地期間満了により借地権が確定的に終了するもの）が設定されている貸宅地（底地）の評価額は、その宅地の自用地としての評価額から、地域ごとの底地割合や、借地期間に対する残存期間の複利年金現価率の割合などが加味された一般定期借地権に相当する額を差し引いて評価します。また、その他の定期借地権が設定されている貸宅地の評価額は、その宅地の自用地としての評価額から、定期借地権などの残存期間に応じた割合を掛けて計算した額を差し引いて評価します。残存期間に応じた割合は以下のとおりです。

・残存期間が５年以下のもの…５％
・残存期間が５年超10年以下のもの…10％
・残存期間が10年超15年以下のもの…15％
・残存期間が15年超のもの…20％

貸家建付地の評価額の軽減とは

貸家建付地とは、アパートなどの敷地のように自分で所有する土地に自分で建物を建て、その建物を他人に賃貸している土地のことをいいます。貸家建付地は、土地も家屋も地主の所有財産ですが、この場合、相続が発生したからといって、すぐに借家人に出ていってもらうことはできません。ですから、通常の評価額よりも低い価額で評価します。なお、普通の家屋の評価額に対する貸家の評価額の割合を借家権割合といいます。借家権割合は、現在、すべての地域について30％となっています。

使用貸借の土地の評価

個人間で行う無償による土地の賃借を使用貸借といいます。たとえば、父親の持っている土地を子どもが借りて家を建てるといった場合がこれにあてはまります。この場合、一般の賃貸借と違い、父親の土地の利用権が制限されているとはみなしません。したがって、使用貸借の土地は自用地（他人の権利の目的となっていない更地のこと）と同じ評価を行います。

■ 借地権の評価額の計算方法

計算式

借地権の評価額 ＝ その宅地の通常の評価額 × 借地権割合（※）

※路線価図の地域区分により決まる。
A地域が90%、B地域が80%、C地域が70%、D地域が60%、E地域が50%、F地域が40%、G地域が30%

■ 貸宅地の評価額の計算方法と計算例

計算式

貸宅地の評価額 ＝ その宅地の通常の評価額 － その宅地の通常の評価額 × 借地権割合

〈例〉●通常の評価額　2億円　　●借地権割合　60%

2億円 － 2億円 × 60% ＝ 8000万円 ← 貸宅地の評価額

■ 貸家建付地の評価額の計算方法と計算例

計算式

貸家建付地の評価額 ＝ その宅地の通常の評価額 － その宅地の通常の評価額 × 借地権割合 × 借家権割合 × 賃貸割合（※）

〈例〉● 通常の評価額　1億円　　● 借地権割合　70%
● 借家権割合　30%　　● 賃貸割合　80%

1億円 － 1億円 × 70% × 30% × 80% ＝ 8320万円
↑ 貸家建付地の評価額

※家屋の全床面積に対する、課税の時に賃貸している部分の床面積の割合のこと（一時的な空室は含まず）

6 家屋や貸家はどのように評価するのか

マイホームの評価額は固定資産税評価額と同じ額である

家屋の評価額と倍率方式

家屋の価額は、固定資産税評価額に一定の倍率を掛ける「倍率方式」で算出することになっています。固定資産税評価額とは、それぞれの市区町村で固定資産税を算出するもととなった価額のことです。この価額は、家屋については１棟ごとに定められています。なお、現在は、固定資産税に掛ける一定の倍率が全国一律で１倍であるため、相続税の評価額は固定資産税評価額と同じ額になります。他人から借りた土地の上に建物が建てられている場合は、借地権として評価され、相続税の対象となります。その土地の更地価格に借地権割合を乗じた金額が借地権の評価額となります。借地権割合は、地域ごとに異なり、路線価図や評価倍率表に表示されています。

また、マンションの場合は、土地と建物部分の２つに分けて評価額を算定します。土地に関しては、敷地全体の評価額に持分割合を掛けたものを評価額とします。建物部分に関しては、所有している部屋の固定資産税評価額がそのまま評価額となります。こうして算出した土地と建物の評価額の合計がマンションの評価額になるわけです。

建築中の家屋の評価

被相続人が死亡したときに建築中である家屋も相続財産になります。しかし、家屋は完成してから固定資産税の評価額が定められますから、建築中のものにはまだ評価がありません。その場合に評価の基準となるのは費用現価です。

この費用現価の70％相当額が建築中の家屋の評価額となります。費用現価とは、相続開始時までにかかった建築費用を相続が発生したときの時価に引き直した額です。実際に算定する場合は、建築会社に費用の明細などを作成してもらい、それを参考にして計算します。

貸家は借家権価額が控除される

貸家の居住者（賃借人）には借家権がありますので、貸家は自分が居住する家屋とは評価方法が異なります。

① 借家権の評価

借家権の評価額は、自分が住むための家屋の評価額に国税局で定める一定の借家権割合（30％）を掛けて計算します。

② 貸家の評価

貸家を評価する場合は、自分が住むための家屋の評価額から、①の借家権の評価額を差し引きます。

③ 住宅を兼ねている場合の貸家の評価

貸家がアパートなどであり、一部を住宅として自分で使用していた場合には、その住宅として使用していた部分を除いて、貸家の評価をしなければなりません。この場合、自分が住むための家屋の評価額に借家権割合と賃貸割合を乗じた価格を、自分が住むための家屋の評価額から控除した額が評価額となります。

賃貸割合とは、簡単にいうと、貸家全体の床面積のうち、賃貸をしている部分の床面積のことです。アパートのすべての部屋を賃貸している場合は、賃貸割合は１（100％）になります。

■ 貸家の評価額の計算方法

貸家の評価額 ＝ 固定資産税評価額 × （1 − 借家権割合 × 賃貸割合）

Q **私道や私道に接する宅地、マンションの敷地の評価は何を基準に算定するのでしょうか。評価方法について教えてください。**

A 公道に面している土地の場合、路線価を用いて評価額を計算することができます。しかし、たとえば元の広い土地を区分けした場合など、公道に面していない土地も中には存在します。

土地の周りに私道しかない場合、路線価で評価することはできません。通常、私道には路線価がつけられていないからです。このような場合は、どうすればよいのでしょうか。

私道にしか接していない土地の場合、その土地の所在地を所轄する税務署で、その私道に「特定路線価」を設定してもらい、それを基準にして土地の評価額を計算します。

この特定路線価が必要な場合は、設定対象地を所轄する税務署にその旨を記載した「特定路線価設定申出書」を提出することになります。

●私道の評価方法

所有権がある私道については、私道そのものも、財産として評価することになります。

私道の評価は、その私道を利用するのが特定の者に限られているか、または不特定多数の者が利用することができるのかにより、異なります。私道の評価方法は次のようになっています。

① 特定の者だけが利用する私道は通常の評価額の30％相当額

② 不特定多数の者が利用する私道は０％（評価しない）

①であれば、その私道部分の土地に関しては70％の評価減とするということです。②であれば、ゼロ評価、つまりその私道部分の土地の相続税が非課税になるということです。

●マンションの敷地の評価方法

通常は、マンションの敷地は所有者の共有名義になっています。そういった場合はその敷地全体を１つの土地（一区画）として評価し、その価額にそれぞれの所有者の持分割合を掛けて評価することになります。

　また、そのマンションの敷地内に道路や公園など、公衆化している土地が含まれており、まとめて評価することが適当でないと認められる場合もあります。その場合、道路や公園などの公衆化している部分については、敷地全体の面積から除いて評価することができます。なお、マンションの敷地にも小規模宅地等の特例（167ページ）が適用できます。

■ 私道の評価方法

◉ **特定の者だけが利用する私道**

私道の評価額＝30万円×0.3×面積

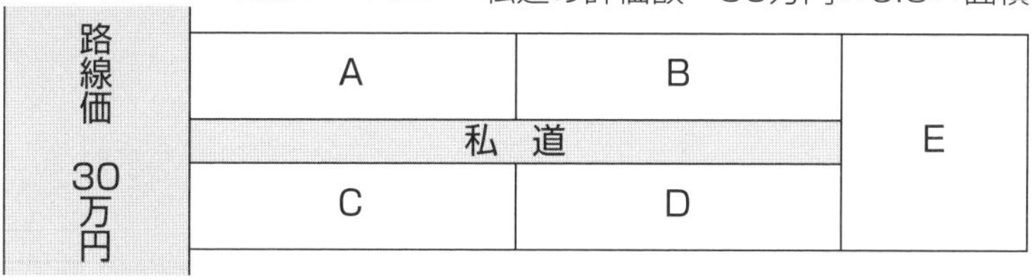

◉ **道路に提供されている土地**

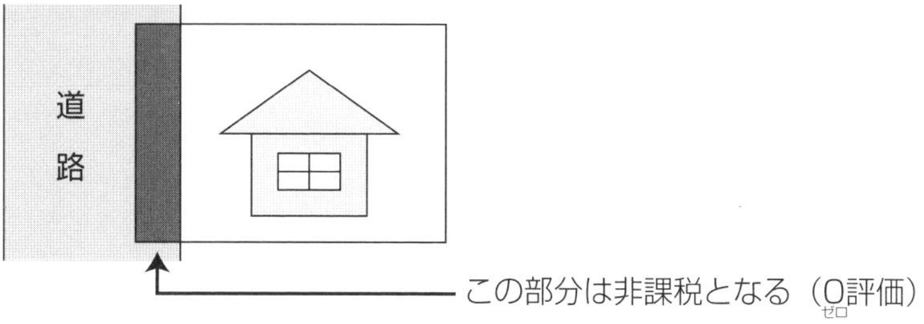

7 動産はどのように評価するのか

高価なものは専門家に鑑定を依頼するとよい

動産の種類には何があるのか

動産とは、自動車、書画骨董、機械・器具、什器・備品、その他の家財道具などをいいます。遺産には動産が含まれますが、遺産分割協議の対象にはならずに形見分けで処理されるケースが多いようです。価値が低いものもありますし、廃棄処分が必要なものはその費用も遺産から出さなければなりません。

① **自動車・船舶**

交換価直が高く、遺産分割協議の対象となります。

② **貴金属、書画骨董・美術品**

価値は鑑定の方法によって差がありますが、遺産分割協議の対象になります。

③ **機械・器具**

価値が高いことが多く、遺産分割協議の対象になります。

④ **身辺の器具**

家具などがあり、遺産分割協議では、動産一式という扱いで処理されるのが一般的です。高級ブランド品や価値がわからない骨董品など特殊なものは除外されます。

⑤ **書類**

資料価値がある書類や法的な重要書類であったり、保管期限や被相続人に保管義務のある書類も存在するので、遺産分割協議の中で処理方法を決めます。廃棄するなど処理の方法については、第三者の権利を侵害しない限りとくに規定はありません。

動産の評価は難しい

動産には交換価値の低いものも多くありますが、一方で貴金属や宝飾品は価値が高く、評価は重要ですから、しっかり鑑定してもらいましょう。

① 金、銀、プラチナ

基準となる相場が国内外にありますから、容易に評価できます。ただ、宝石などは、市場価格の変動以外にそのもの自体の良し悪しを専門家に判断してもらう必要があります。

② 美術品

専門業者に引き取ってもらうのが一般的です。売らない場合に遺産分割協議で決まらないときは、鑑定人に鑑定してもらいます。美術品はニセ物も多く流通しているので専門家に見てもらいます。

③ 有名ブランド品やデザイン宝飾品

デパートの売値の１割から２割が実際の買取値段であったり、業者によって評価にばらつきがあります。ただ、評価するのが一般の人の場合は、さらに価値判断はさまざまですから、個別のケースによることになります。

④ 家電

相続時の時価で評価しますが、古いものは価値がないのが実情です。

動産の種類

種　　類	分割にあたり必要になる手続
自動車	移転登録
貴金属等	占有の取得
機械・器具等	占有の取得（場合により登録）
一般の器具	占有の取得
書類	占有の取得（株券などは名義書換）

8 株式や公社債はどのように評価するのか

株式の評価方法は上場株式かどうかによって異なる

株式は３種類に分類して評価する

株式は、上場株式、気配相場等のある株式、取引相場のない株式の３種類に分類され、種類ごとにその評価方法が定められています。上場株式は、その株式が上場されている証券取引所が公表する①課税時期の終値（最終価格)、②課税時期を含む月の終値の月平均額、③課税時期の前月の終値の月平均額、④課税時期の前々月の終値の月平均額の４つの価格のうち、最も低い金額によって計算します。課税時期とは、相続税の場合は相続の日（被相続人の死亡日)、贈与税の場合は贈与のあった日のことを指します。

また、株式が複数の証券取引所に上場されている場合は、原則として納税者がどの取引所の価格を採用するかを決めることができます。

気配相場等のある株式の評価

気配相場等のある株式とは、日本証券業協会で登録されている登録銘柄や店頭管理銘柄、公開途上にある株式、およびこれらに準ずるものとして国税局長が指定した株式などのことをいいます。これらは上場株式ではありませんが、証券会社などで店頭取引が行われており、上場株式と取引相場のない株式との中間的な存在です。

このうち登録銘柄と店頭管理銘柄は、①課税時期の取引価格（高値と安値が公表されている場合にはその平均額)、②課税時期を含む月の取引価格の月平均額、③課税時期の前月の取引価格の月平均額、④課税時期の前々月の取引価格の月平均額、の４つの価格の中で、最も低い金額によって算出します。いずれも、証券会社、証券取引所、税務署に問い合わせれば、その価格がわかります。

なお、公開途上にある株式は実際の取引価格で評価します。

取引相場のない株式の評価

取引相場のない株式とは、前述のいずれにも該当しない株式や、零細企業などの株のことです。取引相場のない株式は、時価がないために評価方法が少し複雑になります。

取引相場のない株式の評価方法は、次の４つの方式があります。

① **類似業種比準方式**

同業種の上場株式の平均株価を基準にして、評価する会社と類似業種の１株当たりの配当金額、年利益金額、純資産価額の３つの実績値を用いて評価する方式

② **純資産価額方式**

評価会社の資産を相続税評価基準によって評価し、そこから負債を差し引いた純資産額をもとに評価する方式

③ **①と②との併用方式**

④ **配当還元方式**

受け取る利益の配当金を一定の利率で還元して株価を評価する方式

取引相場のない株式の場合は、相続などで株式を取得した株主がその株式を発行した会社の経営支配力を有する同族株主等（議決権割合が30％以上）か、それ以外の株主かの違いなどによって、原則的評価方式または特例的な評価方式（配当還元方式）で評価します。

原則的には、会社の従業員数・総資産価額および売上高により大会社・中会社・小会社の３つに区分し、大会社は類似業種比準方式、小会社は純資産価額方式、中会社は類似業種比準方式と純資産価額方式との併用により評価します。

また、特例の方法として、配当還元方式で評価する場合があります。配当還元方式で評価を行う場合は、それぞれ次のとおりです。まず、

同族株主のいる会社では、ⓐ同族株主以外の株主の取得した株式、ⓑ中心的な同族株主以外の同族株主で、その者の取得した株式です。一方、同族株主のいない会社では、ⓒ株主の１人およびその同族関係者の議決権割合の合計が15%未満である場合に、その株主が取得した株式、ⓓ中心的な株主がおり、議決権割合が15%以上のグループに属し、かつ、その者の議決権割合が５％未満である者の取得した株式です。なお、たとえば休業中の会社など特定の会社に区分された場合の株式評価は、純資産価額方式で算定します。

公社債の評価方法

公社債とは、一般投資家から資金を調達するために国や地方公共団体、会社が発行する有価証券です。公社債を評価するときは、「割引発行の公社債」「利付公社債」「元利均等償還が行われる公社債」「転換社債」の４つに区分して評価します。

なお、公社債は、銘柄ごとに券面額100円当たりの単位で評価します。

公社債の評価方法

公社債の種類	評価方法
①割引発行の公社債	ⓐ 上場されている公社債 …課税時期の最終価格 ⓑ 気配値のある公社債 …課税時期の平均値 ⓒ ⓐ、ⓑ以外の公社債 …発行価額と既経過の償還差益の額の合計額
②利付公社債	上記①の割引発行の公社債と同じ評価方法を適用する。さらに既経過利息の額を加えた金額になる。
③元利均等償還が行われる公社債	定期金（年金）の評価方法を適用する。
④転換社債	以下の種類ごとに、利付公社債に準じた評価を行う。 ⓐ 金融商品取引所に上場されているもの ⓑ 日本証券業協会で店頭転換社債として登録されたもの ⓒ ⓐ、ⓑ以外のもの

9 金銭債権の取扱いとその他の財産の評価方法について知っておこう

預貯金、定期金、家財道具などの評価が問題になる

金銭債権・現金・株の取扱い

金銭債権とは、銀行預金や貸金などのことです。金銭債権は数字で客観的に算定して分割できる性質のもの（分割債権）ですから、従来は、相続分が決まっていればそのまま分割すればよく、分割協議の必要はありませんでした。しかし、平成28年12月に最高裁が従来の判例を変更し、預金債権については遺産分割の対象となると判示したことから、遺産分割前は各相続人が単独で預金の払い戻しを請求することができなくなりました。ただ、遺産分割が成立しない限り、被相続人の預金が一切引き出せないとすれば、残された遺族に困難を強いる危険性があります。そこで民法改正により令和元年７月から、葬儀費用や当面の生活資金に充てることができるよう、預貯金の仮払い制度が新設されました。

売掛金や貸金、賃料債権などの預貯金以外の金銭債権については従来通り、遺産分割の対象とはならないため、各相続人は法定相続分に応じて権利を行使することができます。なお、相続人全員が合意すれば、これらの金銭債権も遺産分割の対象とすることができます。

これに対し、現金は、法律上、債権ではなく動産と解されているため、売掛金債権のように相続開始により当然に相続人がその法定相続分に応じて取得できるわけではなく、遺産分割の対象とされます。

現金は相続開始時の残額が評価額となり、相続税の対象となります。家の中で現金が貯め込まれた状態のいわゆるタンス預金などの高額の現金が、相続税の申告においてあえて申告されないというケースもよく耳にします。しかし、税務署は被相続人の年収を把握していること

から、現金を隠しても申告された相続税額と税務署が把握している故人の所得との間に隔たりがあれば、税務調査により隠ぺいが発覚する可能性があります。現金の隠ぺいが発覚すればペナルティを科せられることになります。

預貯金は区分して評価する

普通預金などの普通預貯金は、相続開始日の残高がそのまま相続税の評価額になります。また、定期預金などの定期性の預貯金は、利率が普通預貯金より高いので、源泉所得税相当額を既経過利息の額から差し引いた額に、残高を加えて評価額を算定します。

債権の評価方法

相続税においては、貸し付けた金銭債権等については、返済される予定である元本の価額と、それに対する利息との合計金額が評価額になります。受取手形の場合は、期日の到来が被相続人の亡くなった日から6か月以内であれば、額面どおりの評価額になります。期日が6か月より先であれば、銀行で割り引いた回収金額が評価額になります。ただし、たとえば貸し付けた相手先が破産した場合など、一定の理由により債権の回収が不可能または著しく困難であると見込まれる場合には、回収できない部分の金額は、評価額に算入しません。

定期金（年金）の評価方法

生命保険会社の個人年金などの定期金給付契約をしていた被保険者が死亡した場合、その定期金はみなし相続財産になります。

定期金の種類としては、死亡するまで給付を受けられる終身定期金、給付期間が決まっている有期定期金、給付期間が決まっていない無期定期金などがあります。評価方法は以下のようになります。

① すでに年金の給付を受けている場合は、ⓐ解約返戻金相当額、ⓑ

定期金に代えて一時金の給付を受けることができる場合には、その一時金に相当する額、ⓒ予定利率等をもとに算出した金額、の評価方法の中で最も多い金額を採用します。

② 給付をまだ受ける権利が発生していない場合は原則として解約返戻金相当額となります。

家財道具の評価方法

家財道具は、調達価額を評価額とします。調達価額とは、相続開始時に、中古品としてそれと同等品を購入した場合の価格のことです。なお、調達価額がわからない場合は、新品の小売価格から使用年数に応じた定率法（毎年一定割合で償却する方法）を用いて算出します。

特許権・営業権などの評価方法

特許権は、この権利を持っていることで将来受けることができる補償金の額の一定割合と、特許権の存続期間から評価します。また、「のれん」といわれる事業の継続に必要な信用も営業権として評価の対象になります。営業権は、超過利益金額に営業権の持続年数に応ずる基準年利率による複利年金現価率を乗じて評価します。

金銭債権の相続

金銭債権・現金の取り扱い

遺産分割の対象となるもの

・預金債権

・現金

遺産分割の対象とならないもの

（相続開始により、当然に分割承継されるもの）

・売掛金債権
・賃料債権
・貸金債権

預貯金以外の金銭債権

10 系譜・墳墓・祭具・遺骸・遺骨や形見の取扱いについて知っておこう

実情に応じて話し合いで現実的な対応をする

系譜・墳墓・祭具の承継はどうする

祖先から受け継いでいた系譜・墳墓・祭具などの遺産は、財産的な意味がほとんどなく、遺産分割の対象になりません。祭具等については、一般に長子や配偶者が承継する場合が多く、地域ごとの慣習などが考慮されることになっています。こうしたものの承継者は、被相続人が指定することになっていますが、指定は遺言によらなくてもかまいません。指定がないときは、相続人の協議によりますが、慣習が不明などの理由で決まらないときは、家庭裁判所に決めてもらいます。

遺骸・遺骨はどうなるのか

遺骸・遺骨は被相続人の通常の相続財産ではありません。裁判所の判例では、遺骸・遺骨は社会的に特殊な扱いを受け、埋葬・管理・祭祀・供養のために祭祀主宰者が所有権をもつものとされています。なお、被相続人には祭祀主宰者を指定する権利がありますから、指定がある場合はそれに従います。

「形見分け」の品は相続財産か

故人の遺品を遺族などで分ける「形見分け」という儀礼的慣習があります。形見も遺産の分割に入りますが、慣習上容認される程度のものであれば、分割の対象外になることもあります。通常は故人が身につけた時計やアクセサリーなどが形見分けの対象で、相続争いの対象にするほどの経済的価値がないものが対象になります。宝石などは、遺産分割の対象となるものです。なお、相続放棄を検討している場合は、経済的な価値のあるものを形見分けとする行為は「相続財産の処分行為」とみなされ、相続放棄が認められない可能性がありますので、注意が必要です。

葬式費用の負担割合

葬式費用は被相続人の死後の費用ですから、遺産ではありませんので、葬儀の主催者が負担します。しかし、相続人間で話し合って、相続人間で負担し合うケースも多くあります。

あくまで一般論ですが、相続人が負担し合うことにした場合は、まず、香典から費用を出し、足りないときは相続財産から法定相続人の相続割合に応じて負担するということが多いようです。香典は、葬式のために遺族にかかる金銭面での負担を周囲の人々が軽くしてあげようという気持ちで行う贈与です。厳密にいえば、受贈するのは喪主ということになりますので、喪主が独り占めしても法的には文句は言えません。しかし、香典のもともとの意味を考えた場合には、まず葬式費用は香典から出すことが合理的ではないかと考えられます。

■ 祭祀財産承継者の決定方法

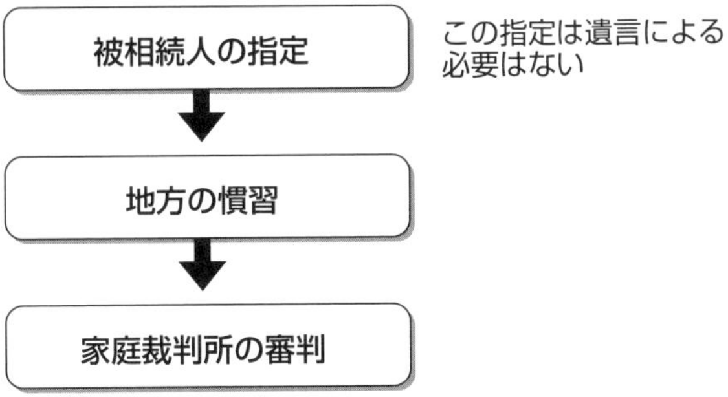

※承継者は第1に被相続人の指定により決まり、被相続人の指定がない場合には第2にその地方の慣習により、慣習も明らかでない場合には第3に家庭裁判所の審判によって定まる。

Column

相続について相談できる専門家と相談機関

相続問題がこじれてしまった場合には、法的な観点から適切なアドバイスを求めて、弁護士に手続きを依頼するのが一般的です。相続税や贈与税などについてのアドバイスが必要であれば、税理士に依頼します。不動産名義の書き換えや所有権の移動などの申請書の作成や申請などを司法書士に依頼することもあります。

ただし、弁護士をはじめとする専門家に依頼する場合には、相応の費用がかかるため、いきなり依頼するのは気が引けるという場合もあります。そこで、「無料や低料金で漠然とした相続問題の悩みを気軽に相談してみたい」という場合には、次のような機関を利用してみるのもよいでしょう。

まず、地方自治体（都道府県・市区町村）が定期的に実施する無料の法律相談会などを利用することが挙げられます。また、相談内容に応じた法制度や相談窓口の紹介や、弁護士や司法書士などの専門家の紹介を行う「法テラス」という機関を利用してみましょう。相談料は無料です。

この他、たとえば、「相続税の申告」「調停申立て」「公正証書遺言の作成」など、相談したい内容が明確になっている場合には、関係機関の窓口を利用する方法もあります。たとえば、各税務署や各国税局にも無料相談室が設けられています。そこで、相続税などに関する不明な点は、税務署・国税局の相談室に相談することができます。この他、公正証書遺言を行いたい場合には、最寄りの公証役場に相談することで、公正証書遺言の作成についての適切なアドバイスを受けることができます。また、遺産分割の調停・審判手続を利用したいと考えているのであれば、家庭裁判所の相談窓口に相談すれば、必要な手続きの申立方法や書類の書き方を教えてもらうことができます。

第7章

相続税のしくみと手続き

1 相続税額の計算方法を知っておこう

相続税の計算は３段階で行う

相続税と基礎控除額

遺産総額が基礎控除額を超える場合には、相続税を申告して納税しなければなりません。相続税の基礎控除額は、「3000万円＋法定相続人の数×600万円」です。たとえば、夫・妻・子どもの３人家族で、夫が死亡した場合、妻と子どもの２人が相続人になります。3000万円＋600万円×相続人２人という計算により、4200万円が基礎控除額となります。相続税の計算は、①課税価格の計算、②相続税の総額の計算、③各相続人の納付税額の計算、という３つのステップを踏みます。

①　課税価格の計算

相続税の対象となる各相続財産の評価額に、生命保険金などのみなし財産と、一定の贈与財産を加え、非課税財産と相続債務、葬式費用を差し引きます（204ページ図）。

②　相続税の総額の計算

①で計算した相続税の課税価格の合計から、基礎控除額を差し引いた額が課税遺産額になります。課税遺産額がゼロであれば、相続税はかかりません。一方、課税遺産額がプラスであれば、この課税遺産額をもとに各法定相続人の遺産相続金額を計算します。このときに、法定相続人は法定相続分どおりに課税遺産額を取得したものとして計算します。つまり、仮に相続放棄等があったとしても、相続税を計算する際には相続放棄等がなかったものとして、この各遺産相続金額に相続税率を掛けて相続税の総額（仮の相続税額）を計算します。

③　各相続人の納付税額の計算

②で計算した相続税の総額を、実際に相続人が取得した財産額に応

じて按分して、各相続人の納付税額を計算します。このとき、各種税額控除（205ページ）の適用を受ける人はその分を差し引き、また２割加算を受ける人はそれを加算した額が各相続人の納付額となります。２割加算とは、相続、遺贈や相続時精算課税による贈与によって財産を取得した人が、被相続人の一親等の血族（代襲相続人となった孫（直系卑属）を含みます）及び配偶者以外の人である場合には、その人の相続税額にその相続税額の２割に相当する金額が加算されるという制度です。

■ 現行税制による基礎控除額

■ 課税対象者（被相続人）の推移

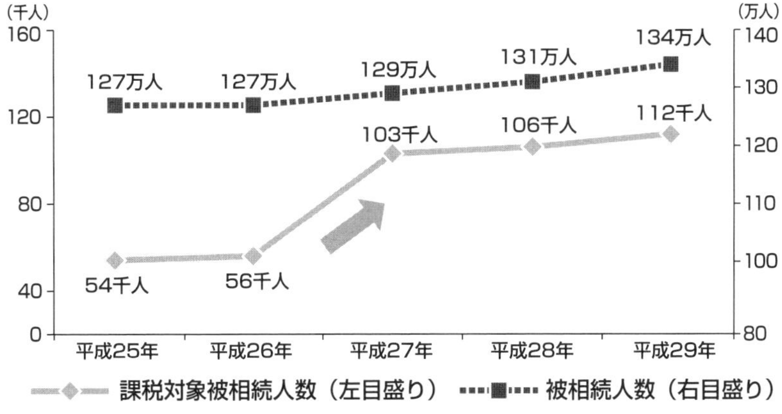

※1 出典　平成30年12月国税庁が公表「平成29年分の相続税の申告状況について」
※2 平成27年の課税対象被相続人数の急増は、同年の相続税法改正による基礎控除額引き下げに伴う影響

■ 相続税額の計算方法

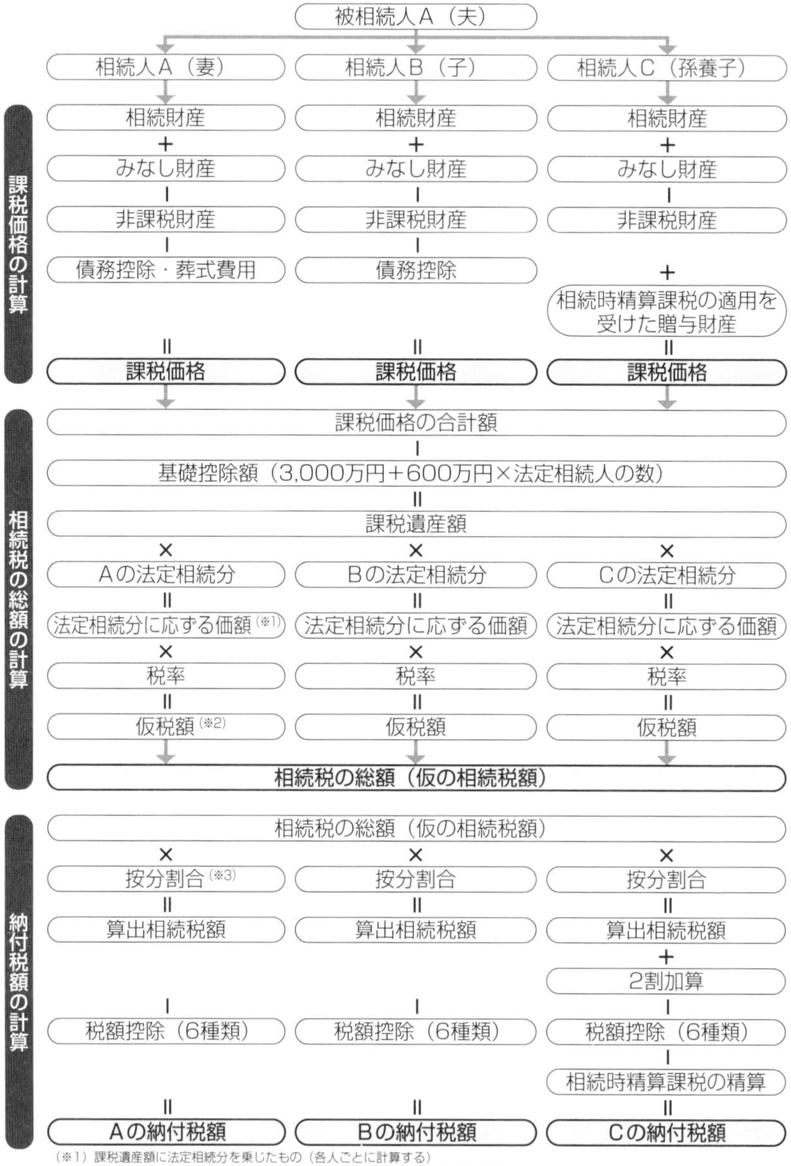

（※1）課税遺産額に法定相続分を乗じたもの（各人ごとに計算する）
（※2）「法定相続分に応ずる価額」に速算表の税率を乗じ、その額から速算控除額を引いた額
（※3）課税価格の合計額に対する、その人の課税価格の割合のこと（各人ごとに計算する）

■ 相続税額の計算例１（相続税の総額の計算）

＜設定＞

被相続人（夫：70歳）

- 長男（実子：45歳、5,000万円）
- 次男（孫養子：22歳、3年以内の生前贈与3,000万円）

妻（8,000万円）

※1）カッコ内の金額が、各人の相続税の課税価格である
※2）次男は長男の子であるが、被相続人の養子（孫養子）となっている
※3）次男は被相続人の生前において、「相続時精算課税制度」を利用して贈与を受けている
※4）次男は※3）の贈与を受けた年において、贈与税100万円（（3,000万円－2,500万円）×20%）を納付している

〔相続税の総額の計算〕

① 課税価格の合計額

8,000万円(妻)＋5,000万円(長男)＋3,000万円(次男)＝1億6,000万円

② 基礎控除額

3,000万円＋600万円×3(妻、長男、次男の3人)＝4,800万円

③ 課税遺産額

1億6,000万円－4,800万円＝1億1,200万円

④ 法定相続分に応ずる取得金額（※1）

妻………1億1,200万円× $\frac{1}{2}$ ＝5,600万円

長男……1億1,200万円× $\frac{1}{2}$ × $\frac{1}{2}$ ＝2,800万円

次男……1億1,200万円× $\frac{1}{2}$ × $\frac{1}{2}$ ＝2,800万円

⑤ 相続税の総額のもととなる仮税額

（税率）（速算控除額）

妻………5,600万円×30%－700万円＝980万円

長男……2,800万円×15%－ 50万円＝370万円

次男……2,800万円×15%－ 50万円＝370万円

⑥ 相続税の総額（※2）

980万円＋370万円＋370万円＝1,720万円

（※1）それぞれの取得金額に千円未満の端数が生じた場合は、切り捨て処理とする
（※2）相続税の総額に100円未満の端数が生じた場合は、切り捨て処理とする

■ 相続税額の計算例２（納付税額の計算）……………………………

〔納付税額の計算〕

① 按分割合（小数点第3位を四捨五入し、割合の計が1になるようにする）

妻 $\frac{\text{8,000万円}}{\text{1億6,000万円}}$ ＝0.50 …………0.50

長男 $\frac{\text{5,000万円}}{\text{1億6,000万円}}$ ＝0.3125…………0.31

次男 $\frac{\text{3,000万円}}{\text{1億6,000万円}}$ ＝0.1875…………0.19

計 1.00

② 算出税額

妻 1,720万円×0.50＝860万円

長男 1,720万円×0.31＝533万2,000円

次男 1,720万円×0.19＝326万8,000円

③ 2割加算（妻と長男は該当しない）

次男 326万8,000円×1.2＝392万1,600円

④ 税額控除の検討

妻………配偶者の税額控除に該当（１億6000万円までは免除されます）

長男……該当なし

次男……相続時精算課税

392万1,600円－100万円＝292万1,600円

⑤ 納付税額

妻………0円

長男……533万2,000円

次男……292万1,600円

Q 相続税よりも贈与税のほうが課税率が高いというのは本当でしょうか。相続税と贈与税の関係や税率について教えてください。

A 相続税は、所得税を補完するために設けられています。死亡した人の残した財産のうち、その個人の生前に獲得した所得の部分については、所得税が課税されています。しかし、その財産の中には所得税が課税されていないものも含まれています。そこで、死亡した時点におけるその人の財産について、所得税を補完する形で相続税が課税されるのです。

相続税は、死亡した人の財産（相続財産）を相続・遺贈によって受け継いだ人に対して課される税金です。所得税や法人税と同じ国税です。相続税は申告納税方式をとっていますので、遺産を相続した相続人が自分で相続財産の価格と、これにかかる税額を計算し、納税することになっています。191ページのグラフのとおり、税制改正で課税対象者が増えたことにより、平成27年以降では相続税がかかる人は、亡くなった人100人のうち、８人程度となっています。

●贈与税はなぜ課税されるのか

贈与税は相続税の補完税といわれています。「相続税が課税されるくらいなら相続する前に相続人予定者に財産を分けておこう」とは、だれもが考えることです。しかし、これでは、贈与した人としなかった人の間に不公平が生じます。そこで、贈与が発生したときに課税する税である贈与税を設けて、相続税を補完する税としたわけです。このため、同じ課税価格に対する贈与税の税率は、相続税の税率より高くなっています。

●課税率は贈与税のほうが高い

相続税も贈与税も、課税される財産の価額が大きくなるほど高い税率が適用されます。これを超過累進課税といいます。税率は最低10％

から最高55%までとなっており、両方とも同じです。しかし、課税対象となる財産の価額が同じでも、途中の税率のきざみは贈与税のほうが細かく、少ない財産価額でも高い税率が設定されています。また、相続税と贈与税では、課税のしくみがまったく異なります。同じ額の財産に対する税額を比較してもあまり意味がなく、贈与税の税率が高いからといって相続税が有利だともいいきれません。

また、相続税、贈与税ともに税額控除が設けられています。税額控除とは、一定の要件を満たせば、特別に税金から控除が受けられる制度ですが、適用を受けられる要件も相続税と贈与税では違います。こういった面からも相続税と贈与税のどちらが優位かということは簡単にいいきることはできません。

資産が何十億円もあるという資産家の場合、相続税では高い税率が適用されます。しかし、毎年300～400万円の範囲で複数の相続人に毎年贈与すると、贈与税の税率は10～15%ですから、この場合は、贈与のほうが税額が少なくなる可能性が高いといえます。

なお、現在の相続税・贈与税の税率は、次ページの図のとおりです。

■ 贈与税のしくみと相続税との関係

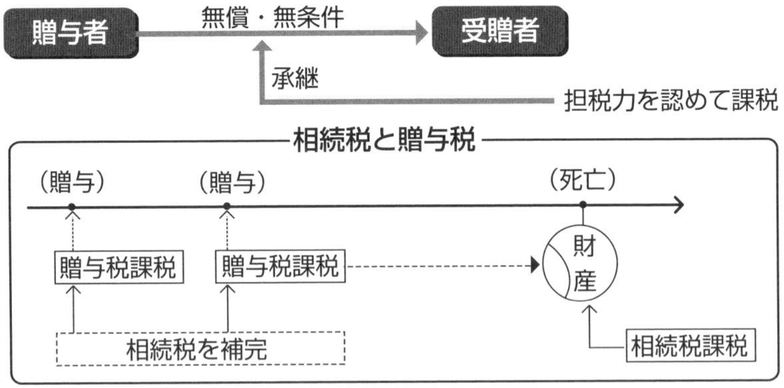

※贈与税は相続税の補完税

■ 相続税の税額表（速算表）

基礎控除後の課税価格	税　率	控除額
1000万円以下	10%	な　し
1000万円超　3000万円以下	15%	50万円
3000万円超　5000万円以下	20%	200万円
5000万円超　1億円以下	30%	700万円
1億円超　2億円以下	40%	1700万円
2億円超　3億円以下	45%	2700万円
3億円超　6億円以下	50%	4200万円
6億円超	55%	7200万円

■ 贈与税の税額表（速算表）

●20歳以上で直系尊属からの贈与

基礎控除後の課税価格	税　率	控除額
200万円以下	10%	な　し
200万円超　400万円以下	15%	10万円
400万円超　600万円以下	20%	30万円
600万円超　1000万円以下	30%	90万円
1000万円超　1500万円以下	40%	190万円
1500万円超　3000万円以下	45%	265万円
3000万円超　4500万円以下	50%	415万円
4500万円超	55%	640万円

●上表以外の場合の贈与

基礎控除後の課税価格	税　率	控除額
200万円以下	10%	な　し
200万円超　300万円以下	15%	10万円
300万円超　400万円以下	20%	25万円
400万円超　600万円以下	30%	65万円
600万円超　1000万円以下	40%	125万円
1000万円超　1500万円以下	45%	175万円
1500万円超　3000万円以下	50%	250万円
3000万円超	55%	400万円

2 生命保険金は相続税の対象になるのか

生命保険の非課税枠は相続人１人あたり500万円である

生命保険金も課税対象になる

生命保険金は、とくに指定がなければ保険契約者が保険金受取人になります。被相続人が保険契約者でなくても、保険金受取人に指定されていれば、保険請求権は遺産となり、遺産分割の対象になります。

被相続人が保険金の受取人として特定の人を指定していた場合、その人に保険金請求権があります。相続人を受取人として指定していた場合は、保険金請求権は相続財産ではなく、その相続人が直接権利を得るというのが判例です。

生命保険の保険金を受け取った場合には、所得税、相続税、贈与税のうちいずれかの税の課税対象とされます。

① 保険料負担者が被相続人本人の場合

相続税が課税されます。被相続人の死亡により受け取った生命保険金については、本来の相続財産ではありませんが、被相続人が負担した保険料に対応する部分については、「みなし相続財産」として、相続税の課税対象になります。ただし、非課税控除の適用があります。「500万円×法定相続人の数」までの金額については、相続税が非課税となります。

② 保険料負担者が被相続人以外の場合で、保険料負担者が保険金受取人と同一人であるとき

所得税が課税されます。一時金として受け取ると一時所得になります。この場合、受け取った保険金から払込保険料総額を差し引き、ここから50万円を控除した金額の２分の１が一時所得の金額となります。

③ 保険料負担者が被相続人以外の場合で、保険料負担者が保険金受

取人と異なるとき

保険金の受取人が保険料負担者から贈与を受けたとして贈与税が課税されます。受け取った保険金額と、その年の他の贈与された資産もあればそれも含めた合計額から、110万円を控除した額が贈与税の対象となります。

■ 保険契約者、被保険者、保険金受取人と税金

保険契約者（保険料負担者）	被保険者	保険金受取人	課税
夫	夫	妻	相続税
夫	妻	夫	所得税
夫	子ども	妻	贈与税

生命保険と相続税･･･保険料負担者が被相続人本人の場合、保険金受取人に相続税が課税される

500万円×法定相続人の数＝非課税

生命保険と所得税･･･保険料負担者が被相続人以外の場合、保険料負担者が保険金受取人と同一人であるときは所得税が課税される

（受取保険金－払込保険料－50万円）×$\frac{1}{2}$＝課税される金額

生命保険と贈与税･･･保険料負担者が被相続人以外の場合、保険料負担者が保険金受取人と異なるときは保険金受取人に贈与税が課税される

110万円の基礎控除額がある

3 弔慰金・死亡退職金は相続税の対象になるのか

過大な弔慰金には相続税が課税される

弔慰金は相続税の対象になるのか

葬儀の際に遺族が受け取った香典は税金の対象にはなりません。また、被相続人の死亡によって受け取る弔慰金や花輪代、葬祭料などについては、通常相続税の対象になることはありません。ただし、被相続人の雇用主などから弔慰金などの名目で受け取った金銭などのうち、実質上、退職手当等に相当すると認められる部分は相続税の対象になります。

具体的には、被相続人の死亡が業務上による場合は、被相続人の死亡当時の普通給与の３年分に相当する額を超える部分は相続税の対象になります。また、被相続人の死亡が業務上の死亡でない場合には、被相続人の死亡当時の普通給与の半年分に相当する額までは弔慰金にあたる金額として相続税は課税されません。しかし、その金額を超える部分は、退職手当等として相続税の対象になります。

死亡退職金には相続税が課される

被相続人の死亡によって遺族が被相続人に支給されるべきであった退職手当金や功労金など（退職手当等）を受け取る場合で、被相続人の死亡後３年以内に支給が確定したものは、相続財産とみなされて相続税の対象になります。それ以後に支給された退職手当等については、相続税ではなく、受け取った人の一時所得として受け取った退職金をもとに計算した金額の２分の１に、一定の退職所得控除額を差し引いた残りの金額に対して、所得税が課税されます。

ただし、役員等勤続年数が５年以下である役員が支払を受ける退職金のうち、その役員等勤続年数に対応する退職金として支払を受けるものについては、２分の１は行われず、退職金に退職所得控除額を差し引いた残りの金額に対して所得税が課税されます。

退職手当等と非課税限度額

相続人が受け取った退職手当等は、その全額が相続税の対象となるわけではありません。すべての相続人が受け取った退職手当等を合計した額が非課税限度額以下であれば、相続税は課税されません。500万円×法定相続人の数の額までが非課税限度額となります。たとえば、相続人が子ども２人の場合は1000万円までは非課税となります。相続を放棄した人がいた場合でも法定相続人の数には含まれるので、含んだ人数で非課税限度額を計算します。

すべての相続人が受け取った退職手当等の合計額が非課税限度額を超える場合には、その非課税限度額を各相続人が受け取った退職手当等の金額の割合で按分した額がそれぞれの相続人の非課税限度額になります。

■ 香典・弔慰金・死亡退職金の取扱い

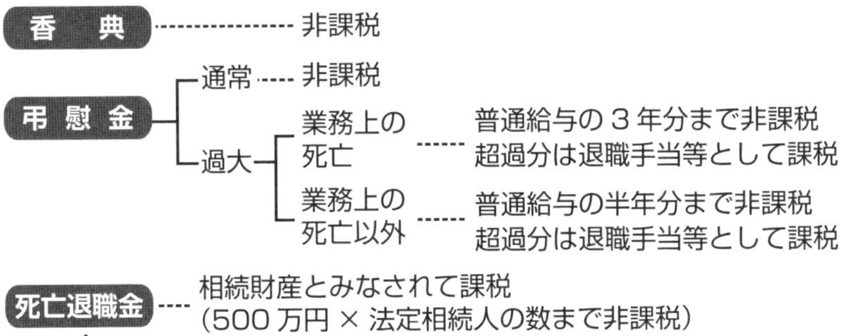

4 課税価格の計算方法について知っておこう

非課税となる財産もある

相続税の課税対象財産とは

相続税の対象となる財産には、①相続、遺贈、死因贈与のいずれかによって取得した「本来の相続財産」と、②相続財産ではないが相続税法の規定により「みなし財産」とされるもの、の２種類があります。まず、各相続人が相続した財産の評価額を計算し、課税の対象となる財産の合計額となる「課税価格」を求めます。

ところで、国外にある財産を相続した場合についてですが、相続人の住所が海外であっても、一定の要件を満たせば相続税の対象となります。具体的には、次のいずれかの場合です。

① 相続人が日本国籍を有し、かつ相続開始前10年以内に国内に住所がある場合

② 相続人が上記以外の場合には、被相続人が次のⓐⓑいずれかに該当する場合

ⓐ 被相続人が国内に住所を有している。ただし、相続開始前15年以内において国内に住所を有していた期間の合計が10 年以下の者（一時居住被相続人）を除く。

ⓑ 被相続人（外国人を除く）が国内に住所を有していないが、相続開始前10年以内に国内に住所を有している。

なお、上記②-ⓑで被相続人に外国人が除かれているのは、平成30年度税制改正により、高度な外国人材の受け入れと長期滞在の促進等の観点から、外国人に対する国外財産の相続税については、原則として非課税となったためです。

非課税財産とは

相続税の計算において、公共性や社会政策的見地などにより非課税財産となるものとして、主に次のようなものがあります。生命保険金及び死亡退職金の非課税枠も非課税財産に含まれます。

・墓地、霊びょう、仏壇、仏具など
・一定の要件に該当する公益事業者が取得した公益事業用財産
・心身障害者扶養共済制度に基づく給付金の受給権
・相続財産を国や特定の公益法人などに寄附した場合の寄附財産

財産を取得した人と債務の引き継ぎ

財産を取得した人が債務を引き継いだ場合は、相続したプラスの財産（預金や有価証券、不動産など）から債務を引いた残りが相続税の課税対象となります。相続の際には、プラスの財産も債務もいっしょに相続しなければならないのが原則で、相続税はあくまで債務を引いた正味の相続財産に対して課税されるのです。

相続財産から引くことができる債務は、相続開始時点で確定していなければなりません。ただ、被相続人が納付すべきだった税金をその死亡によって相続人が納付することになった場合、被相続人が死亡した際に確定していなかったとしても、被相続人の債務としてプラスの相続財産から差し引くことができます。墓地購入の未払金、保証債務、団体信用保険付のローン、遺言執行費用、相続に関係する弁護士や税理士の費用などは債務として差し引くことはできません。

相続財産を寄附した場合の取扱い

相続した財産を自己の保有財産とせずに、特定の団体などに寄附することもあります。このように、自己の手元に財産が残らないようなケースでも原則どおりの方法で相続税額を算定するのでしょうか。

相続により財産を取得した場合、原則として取得後の用途を問わず相続税が課せられます。ただし、相続した財産を国や地方公共団体または特定の公益を目的とする事業を行う特定の法人など（以下「特定の公益法人等」）に寄附した場合、以下のすべての要件を満たすと寄附をした財産は、特例として相続税の対象外になります。

① 寄附した財産が相続や遺贈によってもらった財産であること

② 相続財産を相続税の申告書の提出期限までに寄附すること

③ 寄附した先が国や地方公共団体または教育や科学の振興などに貢献することが著しいと認められる公益目的の法人であること

なお、特定の公益法人等への寄附について、特例が適用できない場合もあるので少し注意が必要です。たとえば、寄附をしたお金が２年を経過しても公益を目的とする事業に使われていない場合や、特定の公益法人等に寄附をすることで、寄附をした人やその親族などが特別の利益を受けて相続税または贈与税の負担が結果的に不当に減少した場合などがこれに該当します。一方、寄附をした相手先が一般の企業のようなケースでは、上記③を満たしていないことになるため、寄附した財産は相続税の対象になります。

■ 相続税の課税価格の計算方法

課税価格 ＝ 本来の相続財産 ＋ みなし相続財産 ＋
相続開始前３年以内の通常の贈与財産 ＋
相続時精算課税の適用を受けた贈与財産 −
非課税財産 − 債　務 − 葬式費用

5 相続税の税額控除にはどんなものがあるのか

6種類の税額控除により税負担の軽減を図っている

税額控除とは

相続税では、相続や遺贈で財産を取得した人の個別的な事情などを考慮して、主に6種類の税額控除等を設けて税負担の軽減を図っています。

6種類の税額控除とは、①贈与税額控除、②配偶者の税額軽減、③未成年者控除、④障害者控除、⑤相次相続控除、⑥外国税額控除です。また、これらを控除する順番も①～⑥の順で行います。なお、相続時精算課税の適用を受けて納めた贈与税は、これら6種類の税額控除の計算の後で、精算する（相続税額から控除する）ことになります。

・贈与税額控除

相続開始前3年以内に贈与があり、相続税の課税価格に加算した人は、その贈与税相当額が控除されます。また、贈与の際に支払った贈与税額はこの控除で相殺することができます。

・配偶者の税額軽減

遺産分割が確定し、申告書にその旨を記載していることを要件として、配偶者には特別控除があります。この配偶者の税額軽減を利用できるのは被相続人の戸籍上の配偶者だけです。内縁関係にある配偶者には適用されません。具体的には、取得相続財産のうち法定相続分以下の額か、1億6000万円までの額のうち、どちらか大きい額に相当する税額までが控除額になります。取得財産がこの範囲内であれば無税です。この場合でも、相続税の申告書は提出する必要があります。

また、申告期限までに遺産相続協議がまとまらない場合には、申告期限までに所轄の税務署長に遺産分割ができない理由を届け出ます。

これが認められた場合に限って、３年間、配偶者の特別控除の適用を延長することができます。

・未成年者控除

法定相続人が未成年者であるときは、未成年者控除が適用されます。控除額は、満20歳になるまでの年数に10万円を乗じた金額です。

この場合の年数に１年未満の端数があるときは１年に切り上げます。たとえば、相続人の年齢が17歳８か月であれば10万円×３年（残り２年４か月を切り上げ）＝30万円が控除額になります。

未成年者控除額が、その未成年者本人の相続税額を超える場合は、その控除不足額をその未成年者の扶養義務者の相続税額から差し引きます。なお、法定相続人であることが条件ですが、代襲相続人となった孫やおい、めいなどは控除の対象になります。

・障害者控除

法定相続人が障害者であるときは、障害者控除が適用されます。控除額は、満85歳になるまでの年数に10万円（特別障害者は20万円）を乗じた金額です。年数の端数及び控除不足額が生じたときの取扱いは、未成年者控除の場合と同様です。

■ 主要な相続税の税額控除

贈与税額控除	相続開始前３年以内に贈与があり、課税価格に加算した場合は、その贈与税相当額が控除される。
配偶者の税額軽減	法定相続分と１億 6000 万円のうち大きい額までは非課税（申告期限の 10 か月以内に遺産分割が確定している配偶者が対象）。
未成年者控除	満 20 歳になるまでの年数１年につき 10 万円を控除。
障害者控除	85 歳になるまでの年数１年につき 10 万円 （特別障害者の場合は 20 万円）を控除。

・相次相続控除

短期間に相次いで相続が発生すると、相続税が大きな負担になります。そのような事態を避けるために設けられたのが「相次相続控除」です。10年以内に２回以上相続があった場合は、最初の相続の相続税のうち一定の金額を、２回目の相続の相続税から控除できます。

・外国税額控除

相続財産の中に外国の財産があったときは、相続人が日本在住の場合、日本の相続税がかかり、その相続財産がある国でも相続税が課せられることがあります。このように二重に課税される事態を避けるために設けられたのが「外国税額控除」です。外国で相続税に相当する税金を支払っている場合は、日本の相続税額から一定の金額を控除することができます。

納付税額を確定する

190ページで述べた相続税の総額を実際に相続人が取得した財産に応じて按分した額に、各人の事情にあわせて「２割加算」と「税額控除」を行い、算出された額が、それぞれの相続人の最終的な「納付税額」となります。

■ 相続人と相続税の２割加算

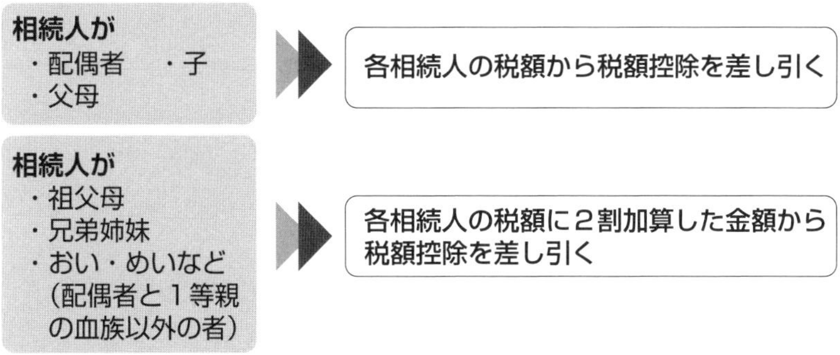

6 相続税の取得費加算について知っておこう

相続や贈与にかかる土地や建物の売却には、一定の配慮がなされる

どんな特例なのか

相続税は現金で一括して納付することになっているので、相続税を支払うために取得した財産を売却しなければならないことも少なくありません。相続や贈与によって取得した財産には取得費がかかっていないため、課税の対象とされる譲渡益も大きなものになります。やむを得ない理由で行われる財産の売却によって生じた利益に対し高額な課税を行うことは合理的ではないため、一定の配慮がなされています。

相続税の取得費加算は、相続や遺贈によって取得した財産を売却した場合に、相続税の一定額分を取得費に加算して売却益を計算する措置です。ただし、この特例は譲渡所得のみの特例ですので、事業所得、雑所得になる株式等の譲渡については、適用できません。取得費加算の適用を受けるためには以下の要件を満たしていることが必要です。

① 相続や遺贈により財産を取得した者であること

② その財産を取得した人に相続税が課税されていること

③ 相続開始の日の翌日から相続税の申告期限の翌日以後３年以内に譲渡した財産であること

どのように計算するのか

取得費に加算できる金額は、財産を売却した人に課せられた相続税のうち、土地や売却した財産に対応する金額です。売却した財産には、相続時精算課税制度（210ページ）によって相続していた財産や、相続開始前３年以内に贈与を受けていたため、相続税の課税対象となった贈与財産などが含まれます。また、債務を引き継いだ場合、その額

が控除されます。

取得費に加算することが認められる相続税額計算方法は、以下のとおりです。

売却したものが土地でも、土地以外の財産でも、相続税額のうち売却した財産に対応した部分が取得費に加算が可能となります。

相続時の本人の相続税額に、売却した財産の価額÷（相続税課税価額＋債務控除額）の割合を掛けて算出します。ただし、その算出金額がこの特例を適用しないで計算した譲渡益の金額を超える場合は、その譲渡益の金額が加算の上限額になります。

■ 取得費の特例が適用される場合の計算例

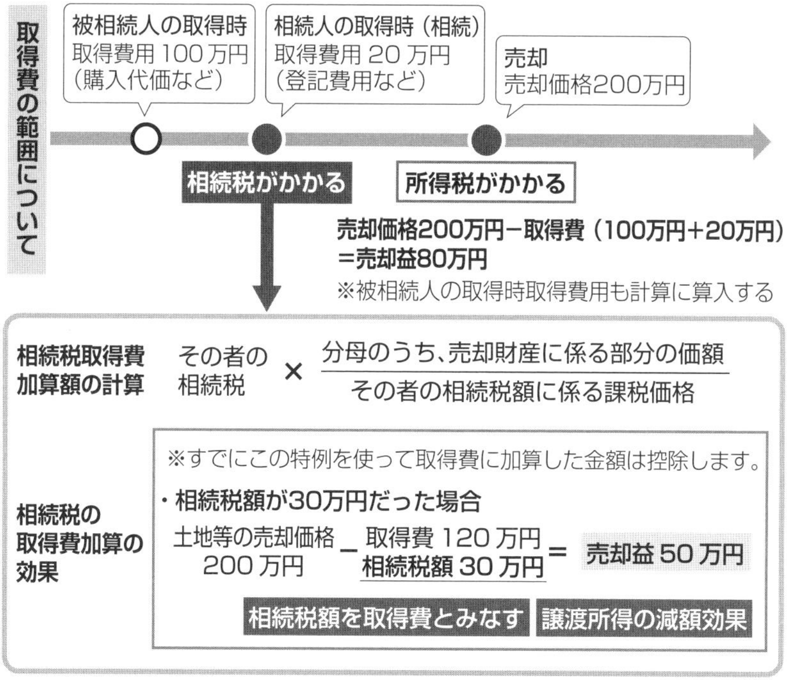

7 相続時精算課税制度とはどんな制度なのか

贈与税と相続税を一体化して捉える制度

相続時精算課税制度とは

贈与税の課税制度には、「暦年課税制度」と「相続時精算課税制度」があります。暦年課税制度とは、１月１日から12月31日までの１年間に贈与を受けた財産の合計額から、基礎控除の110万円を控除した残額に課税する制度です。一方、相続時精算課税制度は、生前贈与による資産の移転を円滑にすることを目的として、創設された制度です。この制度は、贈与時に贈与財産に対する贈与税を納め、その贈与者の死亡時に、贈与財産の価額と相続財産の価額の合計額をもとに計算した相続税額から、すでに納めた贈与税相当額を控除するものです。つまり、贈与税と相続税の一体化です。

一度この制度を選択すると、その後同じ贈与者からの贈与について「暦年課税」を選択できなくなってしまうので注意が必要です。

相続時精算課税を選択するには

相続時精算課税制度においては、贈与を受ける財産の種類や金額、贈与回数に制限はありません。しかし、この制度は「高齢者が保有している資産を利用することで、経済の活性化を図ること」などの目的で導入されたものです。そのため、相続時精算課税制度を選択する場合には、次の条件を満たす必要があります。

① 贈与者がその年の１月１日において60歳以上の親、または祖父母である。

② 受贈者がその年の１月１日において20歳以上であり、かつ、贈与者の推定相続人である子どももしくは孫である。

相続時精算課税の税額計算

相続時精算課税の適用を受ける贈与財産については、他の贈与者からの贈与財産と区分して、選択した年以後の各年におけるその贈与者からの贈与財産の価額の合計額をもとに贈与税額を求めます。

贈与税の額は、贈与財産の課税価格の合計額から特別控除額2500万円を控除した後の金額に、一律20％の税率を掛けて算出します。この非課税枠2500万円は、たとえば、ある年に2000万円、翌年に500万円贈与を受けるという形でもかまいません。ただし、相続時精算課税の適用を受ける場合には、基礎控除額110万円は控除できません。

また、相続時精算課税は、贈与者ごとに制度の利用を選択することが可能です。たとえば、贈与者Ａに対して相続時精算課税を選択した受贈者が、贈与者Ｂから贈与を受けた財産については暦年課税を選択できます。その場合には、贈与者Ｂから一年間にもらった贈与財産の価額の合計額から基礎控除額110万円を控除し、贈与税の速算表（197ページ）に定める税率を乗じて贈与税額を計算します。

相続時精算課税を選択しようとする受贈者は、対象となる最初の贈与を受けた年の翌年２月１日から３月15日までの間（贈与税の申告期限）に税務署長に対して「相続時精算課税選択届出書」を提出しなければなりません。また、相続時精算課税は、直系尊属から住宅取得等資金の贈与を受けた場合の非課税制度と併用することができます。直系尊属から住宅取得等資金の贈与を受けた場合の非課税制度とは、令和３年12月31日までの間に父母や祖父母など直系尊属から住宅購入資金の提供を受けた場合に、非課税限度額まで贈与税を非課税とする制度です。たとえば、住宅取得資金の贈与額のうち、非課税金額300万円～3000万円（住宅購入に関する契約日や省エネ対応の有無などにより異なる）と2500万円の相続時精算課税の特別控除の合計額を超えた額に対して、贈与税が課せられることになります。

なお、相続時精算課税を利用して納付した贈与税額は、相続税の計算の際に控除します。控除の結果、相続時精算課税による贈与税が全額控除しきれずに相続税額がマイナスになる場合には、その控除不足額は還付を受けることになります。

制度選択時の注意点

相続時精算課税制度を利用する場合の注意点としては、まず、遺留分を考慮するという点があります。

民法では、相続開始前1年以内の贈与財産は、遺留分侵害額請求の対象となります。したがって、相続時精算課税制度により生前贈与を行う場合には、遺留分を考慮した上で行う必要があります。これは、相続税がかからない場合でも同様です。

また、相続時精算課税制度については、相続開始後、他の共同相続人等に、税務署に対する生前贈与財産の申告内容（贈与税の課税価格合計額）の開示請求が認められています。つまり、被相続人と特定相続人の間での贈与について、他の共同相続人に知られてしまう可能性があるため、他の共同相続人が遺留分侵害額請求を提訴することも考えられます。仮に遺留分侵害にまで至らなくても、遺産分割協議が難航する可能性は十分あります。

さらに、贈与を受けた人が贈与者よりも先に死亡したときは、死亡した人の相続人が相続時精算課税制度について納税の義務を負うという点にも気をつけなければなりません。たとえば、父親から子どもへ相続時精算課税制度を活用した贈与が行われた後、父親よりも子どもが先に死んでしまった場合、子どもの財産は、その配偶者（つまり、子どもの夫または妻）と子（贈与者の孫）に相続されます。

一方、その後に父親が死亡した際には、子どもの配偶者は父親の法定相続人ではありませんから、遺言がない限り、父親の財産を相続することはありません。ただ、この場合、配偶者は何も財産を相続しなくても、すでに死亡した自分の配偶者から相続した財産分の相続時精算課税についての納税義務をそのまま承継し、税金を支払わなければなりません。

小規模宅地等の特例との併用の可否

事業用地や居住用の宅地は、相続開始時において200 ～ 400㎡の部分について、その宅地の課税価格の５割または８割の評価減ができる小規模宅地等の特例があります。この特例はその宅地を相続または遺贈により取得した者が適用を受けることができる制度ですから、生前贈与財産については適用できません。将来、相続税の申告において、小規模宅地等の特例を適用したい財産については、相続時精算課税制度の適用は避けるべきです。

■ 暦年贈与課税制度と相続時精算課税制度は選択制

○ 暦年贈与課税制度 ➡ 相続時精算課税制度

× 相続時精算課税制度 ➡ 暦年贈与課税制度

※相続時精算課税制度の 2500 万円の非課税枠を一度利用してしまうと、同じ人（親あるいは祖父母）からの贈与については暦年贈与課税制度の年間 110 万円の非課税枠は利用できなくなるため、注意すること

■ 相続時精算課税制度

贈与を受けた財産の合計額 － 特別控除額（2,500万円） ＝ 課税価格

課税価格 × 一律20% ＝ 贈与税額

※ 令和３年12月31日までに住宅用の家屋を取得する契約を締結した場合、要件に応じて300万円～3000万円の非課税枠がある。

8 相続税・贈与税の申告方法について知っておこう

相続税も贈与税も申告納税方式による

相続税の申告

相続税の申告をするときは、被相続人が死亡したときの住所地を管轄する税務署に相続税の申告書を提出します。

相続または遺贈によって取得した財産（死亡前３年以内の贈与財産を含みます）および相続時精算課税の適用を受ける財産の額の合計額が基礎控除額以下のときは、相続税の申告も納税も必要ありません（相続時精算課税を利用したことにより贈与税額を納付しているのであれば、還付を受ける申告をすることもできます）。

しかし、配偶者に対する相続税額の軽減や小規模宅地等の特例は、申告することで初めて適用になります。したがって、これらを適用する場合は相続税がゼロのときでも申告する必要があります。

相続税の申告期限および納付期限は、相続の開始（被相続人の死亡）を知った日の翌日から10か月以内です。申告期限までに申告しなかったり、実際にもらった財産より少ない額で申告した場合には、罰金的な性格の加算税が課税されます。また、期限までに納めなかったときは、利息にあたる延滞税が課税されます。

相続税も金銭での一括納付が原則ですが、延納や物納の制度（246～248ページ）もあります。延納は何年かに分けて納める制度で、物納は相続などでもらった財産そのものを納める制度です。延納、物納を希望する人は、申告書の提出期限までに税務署に申請書を提出して許可を受ける必要があります。もっとも、相続税の申告が終わった後で、相続財産の漏れや計算の間違いに気がつくことがあります。この場合、申告内容を訂正する修正申告が必要です。修正申告には期限はありません。自分で気がついて修正申告した場合にはペナルティもありません。ただし、税務調査によって相続財産の申告漏れが発覚した場合には、納税額の10％の過少申告加算税と延滞税が課されます。さらに、相続財産の隠ぺいが発覚した場合は、重加算税が課されます。重加算税の税率は、納税額の40％と非常に高くなっています。逆に税金を過大に申告したことに後で気づいた場合には、更正の請求をすることで取り戻すことができます。更正の請求ができるのは、相続税の申告期限から５年以内です。

準確定申告とは

生前、確定申告していた人、あるいは確定申告をする必要があった人が死亡した場合、相続税の申告の他に、相続人は共同で死亡した人の所得の確定申告をしなければなりません。これを準確定申告といいます。準確定申告では、１月１日から死亡した日までに確定した所得金額及び税額を算定し、申告・納付します。申告期限および納付期限は、相続の開始があったことを知った日の翌日から４か月以内です。

贈与税の申告

贈与税の申告をするときは、贈与した人の住所地ではなく、贈与を

■ 相続のスケジュール

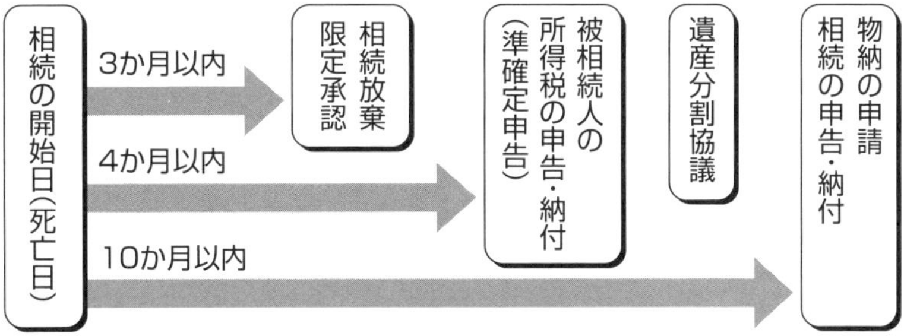

受けた人の住所地を管轄する税務署に申告書を提出します。贈与を受けた額が基礎控除額以下であるときは、贈与税の申告は必要ありません。しかし、贈与税の配偶者控除や相続時精算課税制度の適用を受ける場合は贈与税がゼロでも申告する必要があります。

贈与税の申告期限および納付期限は、贈与を受けた年の翌年の２月１日から３月15日の間です。申告期限までに申告しなかった場合や実際にもらった額より少ない額で申告した場合には、本来の税金以外に罰金的な性格の加算税がかかります。また、納税が期限に遅れた場合は、その遅れた税額に対して利息にあたる延滞税がかかります。贈与税も他の税金と同じく金銭で一時に納めるのが原則です。

贈与税の申告内容の開示請求

相続・遺贈（相続時精算課税の適用を受ける財産についての贈与を含みます）によって財産を取得した人は、他の共同相続人等（その相続・遺贈によって財産を取得した他の人のこと）がいる場合には、被相続人についての相続税の期限内申告書、期限後申告書もしくは修正申告書の提出または更正の請求に必要となるときに限って、贈与税の申告内容の開示の請求をすることができます。

■ 相続税・贈与税の申告

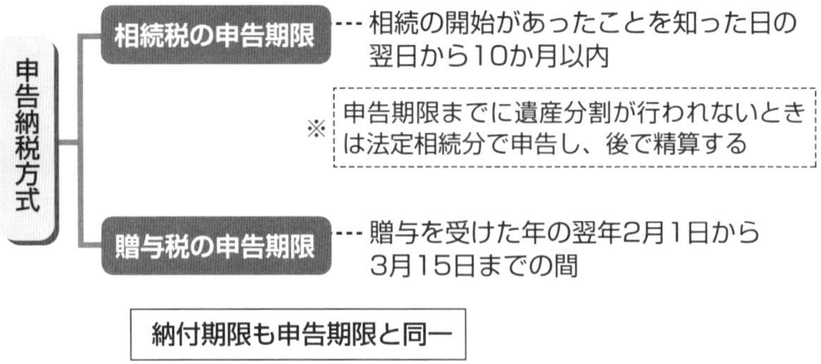

9 相続税の申告書を作成する

各表の内容が第１表に集約され、相続税額が決定される

相続税申告書はどんな構成になっているのか

相続税申告書は第１表から第15表まであり、申告にあたってはそれぞれの財産や債務の価額、各種税額控除、相続税額などを計算するために、多くの書類を用意することになります。各書類で計算した要素を最終的に第１表で取りまとめ、相続税納付額（または還付額）が明らかになるという構成になっています。

また、申告書にはその記載内容の内訳や補足情報を示すための付表・別表や、相続人が複数いる場合に作成する第１表（続）や第15表（続）といった、各本表の枝となる書類もあります。

以下では、第１表から第15表までの主な内容をみていきます。

第１～３表はどんな書類なのか

第１表は、相続税の納税額（または還付額）が決定される、申告書類の中でも最も基本となる申告書類です。第２表から第15表で計算される各要素を第１表に集約し、最終的な相続税およびその計算の過程を表します。第１表を見れば、被相続人から相続される財産等の課税価格、そこから求められる相続税の総額、相続税総額から各相続人へ分配された金額、各種税額控除の金額、そして税額控除を差し引いた後の各相続人の納めるべき相続税額までを、計算の順を追って把握することができます。

第２表では、各相続人に分配される前の相続税の総額が計算されます。この相続税の総額は、税額控除を差し引く前の金額です。相続税の課税価格が決定されると、そこから基礎控除額を差し引いた金額に

基づき、相続税の総額が計算されます。どのように遺産を分割したとしても、相続税額の総額は一定になるように計算されます。

第３表は、被相続人から財産を相続した人の中に農業相続人がいる場合に作成します。農業相続人とは、被相続人が農業を営んでいた場合に、相続によって取得した農地で引き続き農業を営んでいく相続人のことです。このようなケースでは、第３表において相続税総額から各相続人へ分配される金額を計算します。第１表、第２表は必ず作成しますが、第３表については該当する場合のみ作成することになります。

第4～8表はどんな書類なのか

第４表から第８表では、主に各相続人に分配された相続税から差し引く、各種税額控除の金額を計算します。この他、贈与を受けた一定の血族及び配偶者以外の者による相続税額の加算金額や、納税の猶予等を受ける場合の税額を計算します。税額控除や納税猶予対象の種類などによって、これらに対応する表を作成することになりますので、適用できる税額控除などが１つもなければ、いずれも作成する必要はなくなります。

第４表では、相続、遺贈や相続時精算課税に関する贈与によって財産を取得した者のうち、被相続人の一親等の血族（代襲して相続人となった直系卑属を含む）及び配偶者以外の者がいる場合には、相続税額を２割加算する必要があるために計算します。

第４表の２では、暦年課税分の贈与税額控除額を計算します。相続開始前３年以内において被相続人から贈与を受けている場合は、そこで贈与された財産についても相続税が課されます。ただし、この贈与財産にかかる贈与税額分については相続税を計算する上で控除します。この控除額を計算するのが第４表の２です。

第５表は、「配偶者の税額軽減額の計算書」です。相続人の中に配偶者がいる場合、相続税の総額のうち、課税価格の合計に対する配偶者の課税価格（１億6000万円を超える場合は１億6000万円）の割合分だけ税額を軽減することができます。この軽減額を計算するのが第５表です。

第６表は、未成年者控除額および障害者控除額を計算する表です。相続人の中に未成年や障害者がいる場合にこの控除を適用することができます。未成年者は20歳まで、障害者は85歳までこれらの控除を適用でき、いずれも年齢が若いほど控除金額も大きくなります。

第７表は、相続前10年以内に開始した相続について、被相続人が相続税を課されている場合（相次相続）に作成します。つまり、10年以内に２回以上の相続が発生するケースにおいては、前回の相続の際の被相続人の相続税額や、前回の相続からの年数などに基づいて相次相続控除額を計算します。

第８表では、外国税額控除額及び農地等納税猶予税額を計算します。外国税額控除は、課税される財産が外国にあり、外国で相続税に相当する税が課されている場合に適用されます。具体的には、外国で課された相続税に相当する税金分だけ、日本で課する相続税から控除しよ

■ 相続税申告書の関係図

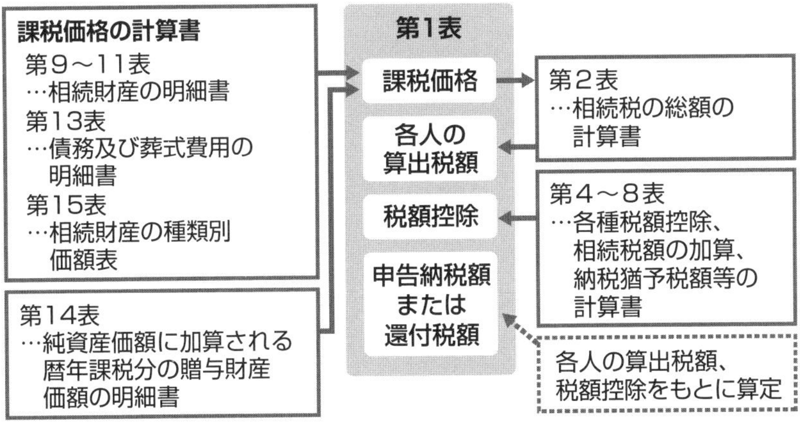

うというものです。農地等納税猶予税額は、相続人の中に農業相続人がおり、かつ、取得した農地等の価額が一定の条件を満たす場合に適用できる相続税の猶予のことです。税金の猶予にあたりますので、第１表において今回納めるべき相続税額を計算する際に控除されます。

第８の２表から第８の８表までは、その他のさまざまな納税猶予税額を計算します。具体的には、会社オーナー等から事業承継により相続を受けた非上場株式等、林業相続人による山林、医療法人持分の相続人による医療法人の持分、特定の美術品、個人事業者より相続を受けた事業用資産等に関する各種の相続税の猶予及び免税を受ける場合に計算します。また、複数の納税猶予の特例を受ける場合には、その猶予可能税額を計算するための調整計算書や、納税猶予税額の内訳書があります。

第9～15表はどんな書類なのか

第９表から第12表までは、今回相続する財産の価額に関する書類、第13表は債務及び葬式費用の金額に関する書類、第14表は相続前３年以内の贈与などに関する書類、第15表はこれらの財産、債務の価額を種類別に取りまとめた書類です。

まず、第９表は「生命保険金などの明細書」です。相続人が、被相続人から相続または遺贈によって取得した生命保険金などを受け取った場合に、その保険金の課税金額を計算します。

第10表は「退職手当金などの明細書」です。相続人が被相続人の退職手当や退職給付金等を受け取った場合にその受取金額を記載し、課税金額を計算します。

第11表は、「相続税がかかる財産の明細書」です。相続税がかかる財産の種類や細目、それぞれにかかる価額を記載します。また、それぞれの財産についてどの相続人が取得したのかを明らかにします。記載する土地に関して小規模宅地等の特例を受ける場合には、第11・11

の２表の付表１を作成します。特定事業用資産の特例を受ける場合には第11・11の２表の付表３を、特定計画山林の特例を選択する場合は第11・11の２表の付表４を、そしていずれの場合においても第11・11の２表の付表２を作成します。

第12表は、「農地等についての納税猶予の適用を受ける特例農地等の明細書」です。農地等について納税猶予の特例を受ける場合に、該当する農地の所在場所や面積などの詳細を記載します。

第13表では、銀行からの借入金や税金の未払金といった被相続人の債務及び葬式費用の明細を記載します。

第14表は、相続開始前３年以内において被相続人から贈与を受けている場合に、相続税の課税価格に加算される金額を計算するために作成されます。その他、出資持分の定めのない法人等に遺贈した財産の明細、特定の公益法人等に寄附した相続財産の明細等についても該当があれば記載します。

そして、ここまでの書類に記載してきた財産、債務等の明細を種類別に表に取りまとめたものが第15表の「相続財産の種類別価額表」です。この表において、相続される財産から債務を差し引いた正味の遺産額が計算されます。これらの書類の中で、第11表、第13表、および第15表については必ず作成します。その他の書類については、該当する項目がある場合にのみ作成します。

相続税申告書はどんな順番で作成するのか

相続税申告書を作成する際は、まず第９表～15表から取りかかります。ここで相続税算定の基礎となる課税価額（正味の遺産額）を計算した後、第１表、第２表を作成します。第１表の各相続人の算出税額まで計算したところで、第４表～第８表を作成して各種税額控除金額、その他必要に応じて納税猶予税額や加算金額等を算出し、再び第１表に戻って最終的な納付税額まで計算します。

10 相続税申告書の書き方について知っておこう

ケースに応じて提出が不要な書類もある

具体的なケースを想定して申告書を作成してみる

たとえば、父が被相続人となり、その家族が相続人となったケースを想定して相続税申告書を作成します。相続開始年月日は令和元年10月15日、家族構成は会社員の父、主婦の母、会社員の長女、学生の長男（未成年）です。４人は持家である都内の一軒家で暮らしています。上記事例に基づいた場合の相続税申告書の書き方を見てみましょう。

第9、10、11表の書き方

まず、第９、10、11表を作成します。

書式　第9表 生命保険金などの明細書

受け取った生命保険金等の金額および受取人氏名を記載します。生命保険金については非課税枠（500万円×法定相続人の数）が設けられていますので、受け取った保険金の金額から非課税金額を差し引いた額が課税金額となります。このケースでは、法定相続人は３人いるため非課税金額は1500万円です。ここで算出した保険金の課税金額は第11表に転記します。

書式　第10表 退職手当金などの明細書

受け取った退職手当金などの金額や受取人氏名を記載します。こちらについても非課税枠（500万円×法定相続人の数）が設けられているため、受け取った退職手当金などから非課税金額を差し引いた課税金額を第11表に転記します。

書式　第11表 相続税がかかる財産の明細書

相続によって取得した財産の種類、細目ごとに所在場所や数量、価額、取得した人の氏名等を記載していきます。前述した生命保険金や退職手当金などの他、土地や有価証券、預金、家具など、相続税がかかる財産はすべて記載します。ここで計算された相続人ごとの取得財産の合計価額および相続人全員の取得財産の合計価額は、第１表の①取得財産の価額欄に転記します。

書式　第11・11の2表の付表1 小規模宅地等についての課税価格の計算明細書

相続税がかかる財産のうち、小規模宅地等の特例を適用する土地がある場合に作成します。特例の適用を受ける相続人の氏名、小規模宅地の所在地、面積、価額について記載していきます。居住用の宅地であれば面積は330㎡、事業用の宅地であれば400㎡が特例を受けることのできる宅地面積の上限です。この上限までの宅地面積の価額に基づいて、課税価格に算入する価額を計算します。このケースでは、特例を受ける宅地の面積210.5㎡は限度面積である330㎡以下におさまっていますので、宅地の価額5,900万円から減額割合80％分を除いた金額が課税価格に算入されます。この金額は第11表に転記します。

第13、15表の書き方

続いて、第13表、第15表を使用します。

書式　第13表 債務及び葬式費用の明細書

第13表には、被相続人の債務の明細とそれを負担する人の氏名などを記載します。また、被相続人の葬式でかかった費用の明細も記載していきます。これらの債務と葬式費用の合計額は第15表及び第１表の③債務及び葬式費用の金額欄に転記します。

書式　第15表 相続財産の種類別価額表

ここまでに作成した第９、10、11、13表に基づき、取得財産、債務及び葬式費用の価額を種類ごとに記載します。これらの価額は相続人ごとに記載し、また各相続人の合計を記載します。

書式　第15表（続）相続財産の種類別価額表（続）

相続人が２人以上いる場合は、第15表だけでは記載欄が不足してしまいます。そのため、２人目以降の相続人にかかる財産価額を記載する際は、第15表（続）を使用します。今回の事例では、相続人が３人いるため、長女、長男の相続財産の価額は第15表（続）に記載されます。

第１、２表の書き方（各人の算出税額の計算まで）

第１表については、税額控除する前の欄「各人の算出税額の計算」まで記載した後、税額控除を算定する書類（第５、６表）を作成し、また第１表に戻ってきます。

書式　第２表 相続税の総額の計算書

いよいよ相続税の計算に取りかかります。この第２表では、相続人全員分を合わせた相続税の総額を計算します。ここでは、各相続人の実際の取得金額ではなく、法定相続分に対応する取得金額をもとにして相続税を計算します。相続人それぞれの法定相続分に対応する取得金額に税率を掛けて相続税を計算した上で、全相続人の相続税合計額を第１表に転記します。

書式　第１表 相続税の申告書

第１表の「課税価格の計算」欄は、第11表、第13表を作成した際に転記されています。そのため、その次の欄「各人の算出税額の計算」を記載していきます。第２表から転記されてきた相続税の総額を、各相続人の取得財産の課税価格の割合に応じて分配計算します。

書式　第１表（続）相続税の申告書（続）

第１表は、各相続人の合計と相続人１人分の相続税の計算のみ記載できるようになっています。２人目以降の相続人に関する記載については、第１表（続）を使用します。

第５、６表の書き方

ここからは、税額控除を計算する書類を見ていきます。今回の事例では、配偶者の税額軽減および未成年者控除を適用するため、第５、６表を使用します。

書式　第５表 配偶者の税額軽減額の計算書

相続人の中に被相続人の配偶者がいるため、第５表を作成します。第１表から課税価格の合計、相続税の総額及び配偶者の算出税額を、第11表から配偶者の分割財産の価額を転記します。これらの金額に基づき、配偶者の算出税額を上限として配偶者の税額軽減額を計算します。ここで計算された税額軽減額は、第１表の⑬配偶者の税額軽減額欄に転記します。

書式　第６表 未成年者控除額・障害者控除額の計算書

相続人の中に未成年（長男）がいるため、未成年者控除額を計算します。20歳に満たない年数の１年につき10万円の控除が適用されますので、２年（20歳－18歳）×10万円＝20万円の控除を受けることができます。ここで計算した控除額は、第１表の⑭未成年者控除額欄に転記します。

第１表の書き方（各人の納付税額の計算まで）

税額控除額を計算したところで、再び第１表に戻ります。ここで、相続税の申告書を仕上げていきます。

書式　第１表 相続税の申告書

ここまでで、第１表の「各人の納付・還付税額の計算」欄のうち、「税額控除」欄まではすでに記載されています。今回はこの欄以下に記載のある税額控除や納税猶予等の適用はないため、各人の算出税額から税額控除を差し引いた金額が、そのまま納付すべき税額となります。

ケースによって提出する書類が異なる

今回のケースでは該当しませんでしたが、相続開始前３年以内において被相続人から贈与を受けている場合は、そこで贈与された財産についても相続税が課されることになります。この場合、相続税の課税価格に加算する金額の計算および贈与財産にかかる贈与税額控除額の計算をするために、第４、14表を作成します。

第14表は、相続税の課税価格に加算される金額の計算に使用します。相続開始前３年以内に贈与を受けた財産の種類や所在場所、価額等を記載した上で、相続税の課税価格に加算される金額を明らかにし、第１表に転記します。

なお、特定贈与財産（被相続人の配偶者が贈与により取得した居住用不動産や金銭で、一定の条件を満たすもの）については、相続税の課税価格に加算されません。また、住宅資金の贈与税の非課税・教育資金の一括贈与による贈与税の非課税や結婚・子育て資金の一括贈与に係る贈与税の非課税の適用を受けた一定の贈与財産についても、相続税の課税価格には加算されません。第４表では、贈与財産にかかる贈与税額控除額を計算していきます。相続開始前３年以内に贈与を受けた財産の価格や贈与税額を記載し、控除額合計を計算します。贈与を受けた財産の価格からは特定贈与財産を差し引いて記載します。

ケースに応じて使用する書式には、この他にも第７表相次相続控除、第８表外国税額控除などがあります。相次相続控除とは、被相続人が10年以内に相続等により財産を取得し、相続税が課されていた場合、相続人の相続税額から一定金額が控除されるというものです。外国税額控除とは、外国にある一定の財産を相続した場合に、相続税額から一定金額が控除されるというものです。

書式　第1表 相続税の申告書

武蔵野 税務署長
2 年 7 月 10 日 提出

相続税の申告書

FD3561

相続開始年月日 令和元 年 10 月 15 日

※申告期限延長日　　年　　月　　日

○フリガナは、必ず記入してください。

項目		各人の合計	財産を取得した人
フリガナ		（被相続人）イノウエ　ユウト	イノウエ　キョウコ
氏名		井上　悠人	井上　杏子 ㊞
個人番号又は法人番号			↓個人番号の記載に当たっては、左端を空欄としここから記入してください。 ××××××××××××
生年月日		昭和33年 1月 10日（年齢 61 歳）	昭和36年 4月 1日（年齢 58 歳）
住所（電話番号）		〒180－○○○○ 東京都武蔵野市○－○－○	〒180－○○○○ 東京都武蔵野市○－○－○ （ 042 － △△△△ － ×××× ）
被相続人との続柄／職業		㈱○○製作所 会社員	妻／なし
取得原因		該当する取得原因を○で囲みます。	（相続）・遺贈・相続時精算課税に係る贈与
※整理番号			
課税価格の計算：取得財産の価額（第11表③）	①	94115000 円	58915000 円
相続時精算課税適用財産の価額（第11の2表1⑦）	②		
債務及び葬式費用の金額（第13表3⑦）	③	21820000	21640000
純資産価額（①+②-③）（赤字のときは0）	④	72295000	37275000
純資産価額に加算される暦年課税分の贈与財産価額（第14表1④）	⑤		
課税価格（④+⑤）（1,000円未満切捨て）	⑥	72295000 Ⓐ	37275000
各人の算出税額の計算：法定相続人の数／遺産に係る基礎控除額		3 人　48000000 円	Ⓑ 左の欄には、第2表の②欄の回の人数及び㋩の金額を記入します。
相続税の総額	⑦	2536600	左の欄には、第2表の⑧欄の金額を記入します。
一般の場合（⑩の場合を除く）：あん分割合（各人の⑥／Ⓐ）	⑧	1.00	0.52
一般の場合（⑩の場合を除く）：算出税額（⑦×各人の⑧）	⑨	2536600 円	1319032 円
農地等納税猶予の適用を受ける場合：算出税額（第3表⑬）	⑩		
相続税額の2割加算が行われる場合の加算金額（第4表⑦）	⑪	円	円
各人の納付・還付税額の計算：税額控除：暦年課税分の贈与税額控除額（第4表の2㉕）	⑫		
配偶者の税額軽減額（第5表㋑又は㋩）	⑬	1307860	1307860
未成年者控除額（第6表1②、③又は⑥）	⑭	200000	
障害者控除額（第6表2②、③又は⑥）	⑮		
相次相続控除額（第7表⑬又は⑱）	⑯		
外国税額控除額（第8表1⑧）	⑰		
計	⑱	1507860	1307860
差引税額（⑨+⑪−⑱）又は（⑩+⑪−⑱）（赤字のときは0）	⑲	1028740	11172
相続時精算課税分の贈与税額控除額（第11の2表1⑧）	⑳	00	00
医療法人持分税額控除額（第8の4表2B）	㉑		
小計（⑲−⑳−㉑）（黒字のときは100円未満切捨て）	㉒	1028700	11100
納税猶予税額（第8の8表⑧）	㉓	00	00
申告納税額（㉒−㉓）：申告期限までに納付すべき税額	㉔	1028700	11100
申告納税額（㉒−㉓）：還付される税額	㉕	△	△

※税務署整理欄							
申告区分	年分	グループ番号	補完番号		補完番号		
名簿番号	申告年月日	関与区分	書面添付	検算印		管理補完	確認

作成税理士の事務所所在地・署名押印・電話番号　㊞

□ 税理士法第30条の書面提出有

□ 税理士法第33条の2の書面提出有

※税務署整理欄　通信日付印　年月日　・　・　（確認者印）

（資4－20－1－1－A4統一）第1表（令元.7）

○この申告書は機械で読み取りますので、黒ボールペンで記入してください。また、申告書と添付資料を一緒にとじないでください。

税務署受付印

※の項目は記入する必要がありません。

第1表（平成31年1月分以降用）

（注）㉒欄の金額が赤字となる場合は、㉒欄の左端に△を付してください。なお、この場合で、㉒欄の金額のうちに贈与税の外国税額控除額（第11の2表1⑨）があるときの㉕欄の金額については、「相続税の申告のしかた」を参照してください。

書式　第1表（続）相続税の申告書（続）

相続税の申告書(続)

FD3562

○この申告書は機械で読み取りますので、黒ボールペンで記入してください。

○フリガナは、必ず記入してください。

項目		財産を取得した人	財産を取得した人
※申告期限延長日		年　月　日	年　月　日
フリガナ		イノウエ　ハナ	イノウエ　リョウタ
氏名		井上　花　㊞	井上　良太　㊞
個人番号又は法人番号		↓個人番号の記載に当たっては、左端を空欄としここから記入してください。 ×××××××××××××	↓個人番号の記載に当たっては、左端を空欄としここから記入してください。 ××××××××××××
生年月日		平成元年 2 月 5 日（年齢 30 歳）	平成12 年 11 月 6 日（年齢 18 歳）
住所（電話番号）		〒180－○○○○ 東京都武蔵野市○－○－○ （ 042 － △△△△ － ××××）	〒180－○○○○ 東京都武蔵野市○－○－○ （ 042 － △△△△ － ××××）
被相続人との続柄 / 職業		長女 / ○○証券㈱ 会社員	長男 / 大学生
取得原因		(相続)・遺贈・相続時精算課税に係る贈与	(相続)・遺贈・相続時精算課税に係る贈与
※整理番号			
課税価格の計算　取得財産の価額（第11表③）	①	22030000円	13170000円
相続時精算課税適用財産の価額（第11の2表1⑦）	②		
債務及び葬式費用の金額（第13表3⑦）	③	180000	
純資産価額（①＋②－③）（赤字のときは0）	④	21850000	13170000
純資産価額に加算される暦年課税分の贈与財産価額（第14表1④）	⑤		
課税価格（④＋⑤）（1,000円未満切捨て）	⑥	21850000	13170000
各人の算出税額の計算　法定相続人の数 / 遺産に係る基礎控除額			
相続税の総額	⑦		
一般の場合（⑩の場合を除く）　あん分割合（各人の⑥／Ⓐ）	⑧	0.30	0.18
一般の場合（⑩の場合を除く）　算出税額（⑦×各人の⑧）	⑨	760980円	456588円
農地等納税猶予の適用を受ける場合　算出税額（第3表⑬）	⑩		
相続税額の2割加算が行われる場合の加算金額（第4表⑦）	⑪	円	円
各人の納付・還付税額の計算　税額控除　暦年課税分の贈与税額控除額（第4表の2㉕）	⑫		
配偶者の税額軽減額（第5表㋩又は㋬）	⑬		
未成年者控除額（第6表1②、③又は⑥）	⑭		200000
障害者控除額（第6表2②、③又は⑥）	⑮		
相次相続控除額（第7表⑬又は⑱）	⑯		
外国税額控除額（第8表1⑧）	⑰		
計	⑱		200000
差引税額（⑨＋⑪－⑱）又は（⑩＋⑪－⑱）（赤字のときは0）	⑲	760980	256588
相続時精算課税分の贈与税額控除額（第11の2表1⑧）	⑳	00	00
医療法人持分税額控除額（第8の4表2B）	㉑		
小計（⑲－⑳－㉑）（黒字のときは100円未満切捨て）	㉒	760900	256500
納税猶予税額（第8の8表⑧）	㉓	00	00
申告納税額（㉒－㉓）　申告期限までに納付すべき税額	㉔	760900	256500
申告納税額（㉒－㉓）　還付される税額	㉕	△	△

※の項目は記入する必要がありません。

※税務署整理欄							
申告区分	年分	グループ番号	補完番号				補完番号
名簿番号	申告年月日	管理補完	確認	検算印		管理補完	確認

第1表（続）（平成31年1月分以降用）

（注）㉒欄の金額が赤字となる場合は、㉒欄の左端に△を付してください。なお、この場合で、㉒欄の金額のうちに贈与税の外国税額控除額（第11の2表1⑨）があるときの㉕欄の金額については、「相続税の申告のしかた」を参照してください。

（資4－20－2－1－A4統一）第1表（続）（令元.7）

書式　第２表 相続税の総額の計算書

○この表を修正申告書の第２表として使用するときは、㋑欄には修正申告書第１表の㋺欄の⑥Ⓐの金額を記入し、㋭欄には修正申告書第３表の１の㋺欄の⑥Ⓐの金額を記入します。

第２表（平成27年分以降用）

相続税の総額の計算書

被相続人	井上　悠人

この表は、第１表及び第３表の「相続税の総額」の計算のために使用します。
なお、被相続人から相続、遺贈や相続時精算課税に係る贈与によって財産を取得した人のうちに農業相続人がいない場合は、この表の㋭欄及び㋬欄並びに⑨欄から⑪欄までは記入する必要がありません。

① 課税価格の合計額	② 遺産に係る基礎控除額	③ 課税遺産総額
㋑（第１表⑥Ⓐ）72,295,000円	3,000万円＋（600万円×㋺ 3人（Ⓐの法定相続人の数））＝㋩ 4,800万円	㊁（㋑－㋩）24,295,000円
㋭（第３表⑥Ⓐ）,000	㋺の人数及び㋩の金額を第１表Ⓑへ転記します。	㋬（㋭－㋩）,000

④ 法定相続人（（注）１参照）氏名	被相続人との続柄	⑤ 左の法定相続人に応じた法定相続分	第１表の「相続税の総額⑦」の計算 ⑥ 法定相続分に応ずる取得金額（㊁×⑤）（1,000円未満切捨て）	⑦ 相続税の総額の基となる税額（下の「速算表」で計算します。）	第３表の「相続税の総額⑦」の計算 ⑨ 法定相続分に応ずる取得金額（㋬×⑤）（1,000円未満切捨て）	⑩ 相続税の総額の基となる税額（下の「速算表」で計算します。）
井上 杏子	妻	1/2	12,147,000円	1,322,050円	,000円	円
井上 花	長女	1/4	6,073,000	607,300	,000	
井上 良太	長男	1/4	6,073,000	607,300	,000	
			,000		,000	
			,000		,000	
			,000		,000	
			,000		,000	
			,000		,000	
			,000		,000	
法定相続人の数	Ⓐ 3人	合計 1	⑧ 相続税の総額（⑦の合計額）（100円未満切捨て）	2,536,600	⑪ 相続税の総額（⑩の合計額）（100円未満切捨て）	00

（注）１　④欄の記入に当たっては、被相続人に養子がある場合や相続の放棄があった場合には、「相続税の申告のしかた」をご覧ください。
　２　⑧欄の金額を第１表⑦欄へ転記します。財産を取得した人のうちに農業相続人がいる場合は、⑧欄の金額を第１表⑦欄へ転記するとともに、⑪欄の金額を第３表⑦欄へ転記します。

相続税の速算表

法定相続分に応ずる取得金額	10,000千円以下	30,000千円以下	50,000千円以下	100,000千円以下	200,000千円以下	300,000千円以下	600,000千円以下	600,000千円超
税率	10%	15%	20%	30%	40%	45%	50%	55%
控除額	－千円	500千円	2,000千円	7,000千円	17,000千円	27,000千円	42,000千円	72,000千円

この速算表の使用方法は、次のとおりです。
⑥欄の金額×税率－控除額＝⑦欄の税額　　⑨欄の金額×税率－控除額＝⑩欄の税額
例えば、⑥欄の金額30,000千円に対する税額（⑦欄）は、30,000千円×15％－500千円＝4,000千円です。

○連帯納付義務について
相続税の納税については、各相続人等が相続、遺贈や相続時精算課税に係る贈与により受けた利益の価額を限度として、お互いに連帯して納付しなければならない義務があります。

第２表（平27.7）　　（資４－20－３－Ａ４統一）

配偶者の税額軽減額の計算書

被相続人　井上　悠人

第５表（平成21年４月分以降用）

私は、相続税法第19条の２第１項の規定による配偶者の税額軽減の適用を受けます。

1　一般の場合（この表は、①被相続人から相続、遺贈や相続時精算課税に係る贈与によって財産を取得した人のうちに農業相続人がいない場合又は②配偶者が農業相続人である場合に記入します。）

課税価格の合計額のうち配偶者の法定相続分相当額	（第１表のⒶの金額）〔配偶者の法定相続分〕 72,295,000円 × 1/2 = 36,147,500円 上記の金額が16,000万円に満たない場合には、16,000万円	ⓘ※ → 160,000,000円

配偶者の税額軽減額を計算する場合の課税価格	① 分割財産の価額（第11表の配偶者の①の金額）	分割財産の価額から控除する債務及び葬式費用の金額 ② 債務及び葬式費用の金額（第１表の配偶者の③の金額）	③ 未分割財産の価額（第11表の配偶者の②の金額）	④（②－③）の金額（③の金額が②の金額より大きいときは０）	⑤ 純資産価額に加算される暦年課税分の贈与財産価額（第１表の配偶者の⑤の金額）	⑥（①－④＋⑤）の金額（⑤の金額より小さいときは⑤の金額）（1,000円未満切捨て）
	58,915,000円	21,640,000円	円	21,640,000円	円	※ 37,275,000円

⑦ 相続税の総額（第１表の⑦の金額）	⑧ ⓘの金額と⑥の金額のうちいずれか少ない方の金額	⑨ 課税価格の合計額（第１表のⒶの金額）	⑩ 配偶者の税額軽減の基となる金額（⑦×⑧÷⑨）
2,536,600円	37,275,000円	72,295,000円	1,307,860円

配偶者の税額軽減の限度額	（第１表の配偶者の⑨又は⑩の金額）（第１表の配偶者の⑫の金額） （1,319,032円 － 円）	ⓡ 1,319,032円
配偶者の税額軽減額	（⑩の金額とⓡの金額のうちいずれか少ない方の金額）	ⓗ 1,307,860円

（注）ⓗの金額を第１表の配偶者の「配偶者の税額軽減額⑬」欄に転記します。

2　配偶者以外の人が農業相続人である場合（この表は、被相続人から相続、遺贈や相続時精算課税に係る贈与によって財産を取得した人のうちに農業相続人がいる場合で、かつ、その農業相続人が配偶者以外の場合に記入します。）

課税価格の合計額のうち配偶者の法定相続分相当額	（第３表のⒶの金額）〔配偶者の法定相続分〕 ,000円 × ― = 円 上記の金額が16,000万円に満たない場合には、16,000万円	ⓝ※ → 円

配偶者の税額軽減額を計算する場合の課税価格	⑪ 分割財産の価額（第11表の配偶者の①の金額）	分割財産の価額から控除する債務及び葬式費用の金額 ⑫ 債務及び葬式費用の金額（第１表の配偶者の③の金額）	⑬ 未分割財産の価額（第11表の配偶者の②の金額）	⑭（⑫－⑬）の金額（⑬の金額が⑫の金額より大きいときは０）	⑮ 純資産価額に加算される暦年課税分の贈与財産価額（第１表の配偶者の⑤の金額）	⑯（⑪－⑭＋⑮）の金額（⑮の金額より小さいときは⑮の金額）（1,000円未満切捨て）
	円	円	円	円	円	※ ,000円

⑰ 相続税の総額（第３表の⑦の金額）	⑱ ⓝの金額と⑯の金額のうちいずれか少ない方の金額	⑲ 課税価格の合計額（第３表のⒶの金額）	⑳ 配偶者の税額軽減の基となる金額（⑰×⑱÷⑲）
00円	円	,000円	円

配偶者の税額軽減の限度額	（第１表の配偶者の⑩の金額）（第１表の配偶者の⑫の金額） （ 円 － 円）	ⓗ 円
配偶者の税額軽減額	（⑳の金額とⓗの金額のうちいずれか少ない方の金額）	ⓗ 円

（注）ⓗの金額を第１表の配偶者の「配偶者の税額軽減額⑬」欄に転記します。

※　相続税法第19条の２第５項（（隠蔽又は仮装があった場合の配偶者の相続税額の軽減の不適用））の規定の適用があるときには、「課税価格の合計額のうち配偶者の法定相続分相当額」の（第１表のⒶの金額）、⑥、⑦、⑨、「課税価格の合計額のうち配偶者の法定相続分相当額」の（第３表のⒶの金額）、⑯、⑰及び⑲の各欄は、第５表の付表で計算した金額を転記します。

第５表（平27.7）　　（資４－20－６－１－Ａ４統一）

書式　第６表 未成年者控除額・障害者控除額の計算書

未成年者控除額 障害者控除額の計算書

被相続人	井上　悠人

第6表（平成27年分以降用）

1　未成年者控除

（この表は、相続、遺贈や相続時精算課税に係る贈与によって財産を取得した法定相続人のうちに、満20歳にならない人がいる場合に記入します。）

未成年者の氏名		井上 良太				計
年齢（1年未満切捨て）	①	18 歳	歳	歳	歳	
未成年者控除額	②	10万円×（20歳-18歳）＝ 200,000円	10万円×（20歳-＿＿歳）＝ 0,000円	10万円×（20歳-＿＿歳）＝ 0,000円	10万円×（20歳-＿＿歳）＝ 0,000円	円 200,000
未成年者の第1表の（⑨＋⑪－⑫－⑬）又は（⑩＋⑪－⑫－⑬）の相続税額	③	456,588 円	円	円	円	456,588 円

（注）1　過去に未成年者控除の適用を受けた人は、②欄の控除額に制限がありますので、「相続税の申告のしかた」をご覧ください。
　2　②欄の金額と③欄の金額のいずれか少ない方の金額を、第1表のその未成年者の「未成年者控除額⑭」欄に転記します。
　3　②欄の金額が③欄の金額を超える人は、その超える金額（②－③の金額）を次の④欄に記入します。

控除しきれない金額（②－③）	④	円	円	円	円	計 Ⓐ 円

（扶養義務者の相続税額から控除する未成年者控除額）
Ⓐ欄の金額は、未成年者の扶養義務者の相続税額から控除することができますから、その金額を扶養義務者間で協議の上、適宜配分し、次の⑥欄に記入します。

扶養義務者の氏名						計
扶養義務者の第1表の（⑨＋⑪－⑫－⑬）又は（⑩＋⑪－⑫－⑬）の相続税額	⑤	円	円	円	円	円
未成年者控除額	⑥					

（注）各人の⑥欄の金額を未成年者控除を受ける扶養義務者の第1表の「未成年者控除額⑭」欄に転記します。

2　障害者控除

（この表は、相続、遺贈や相続時精算課税に係る贈与によって財産を取得した法定相続人のうちに、一般障害者又は特別障害者がいる場合に記入します。）

		一般障害者		特別障害者		計
障害者の氏名						
年齢（1年未満切捨て）	①	歳	歳	歳	歳	
障害者控除額	②	10万円×（85歳-＿＿歳）＝ 0,000円	10万円×（85歳-＿＿歳）＝ 0,000円	20万円×（85歳-＿＿歳）＝ 0,000円	20万円×（85歳-＿＿歳）＝ 0,000円	円 0,000
障害者の第1表の（⑨＋⑪－⑫－⑬－⑭）又は（⑩＋⑪－⑫－⑬－⑭）の相続税額	③	円	円	円	円	円

（注）1　過去に障害者控除の適用を受けた人の控除額は、②欄により計算した金額とは異なりますので税務署にお尋ねください。
　2　②欄の金額と③欄の金額のいずれか少ない方の金額を、第1表のその障害者の「障害者控除額⑮」欄に転記します。
　3　②欄の金額が③欄の金額を超える人は、その超える金額（②－③の金額）を次の④欄に記入します。

控除しきれない金額（②－③）	④	円	円	円	円	計 Ⓐ 円

（扶養義務者の相続税額から控除する障害者控除額）
Ⓐ欄の金額は、障害者の扶養義務者の相続税額から控除することができますから、その金額を扶養義務者間で協議の上、適宜配分し、次の⑥欄に記入します。

扶養義務者の氏名						計
扶養義務者の第1表の（⑨＋⑪－⑫－⑬－⑭）又は（⑩＋⑪－⑫－⑬－⑭）の相続税額	⑤	円	円	円	円	円
障害者控除額	⑥					

（注）各人の⑥欄の金額を障害者控除を受ける扶養義務者の第1表の「障害者控除額⑮」欄に転記します。

第6表（平27.7）　　（資4－20－7－A4統一）

書式　第9表 生命保険金などの明細書

第9表（平成21年4月分以降用）

生命保険金などの明細書

被相続人	井上　悠人

1　相続や遺贈によって取得したものとみなされる保険金など

この表は、相続人やその他の人が被相続人から相続や遺贈によって取得したものとみなされる生命保険金、損害保険契約の死亡保険金及び特定の生命共済金などを受け取った場合に、その受取金額などを記入します。

保険会社等の所在地	保険会社等の名称	受取年月日	受取金額	受取人の氏名
新宿区○○5−3−1	○○生命㈱	元.11.1	30,000,000円	井上 杏子
渋谷区○○1−2−3	○○損保㈱	元.11.1	10,000,000	井上　花
渋谷区○○1−2−3	○○損保㈱	元.11.1	10,000,000	井上 良太
		. .		
		. .		

（注）1　相続人（相続の放棄をした人を除きます。以下同じです。）が受け取った保険金などのうち一定の金額は非課税となりますので、その人は、次の2の該当欄に非課税となる金額と課税される金額とを記入します。
2　相続人以外の人が受け取った保険金などについては、非課税となる金額はありませんので、その人は、その受け取った金額そのままを第11表の「財産の明細」の「価額」の欄に転記します。
3　相続時精算課税適用財産は含まれません。

2　課税される金額の計算

この表は、被相続人の死亡によって相続人が生命保険金などを受け取った場合に、記入します。

保険金の非課税限度額	（500万円×〔第2表のⒶの法定相続人の数〕3人により計算した金額を右のⒶに記入します。）	Ⓐ 15,000,000円

保険金などを受け取った相続人の氏名	① 受け取った保険金などの金額	② 非課税金額（Ⓐ×各人の①／Ⓑ）	③ 課税金額（①−②）
井上 杏子	30,000,000円	9,000,000円	21,000,000円
井上　花	10,000,000	3,000,000	7,000,000
井上 良太	10,000,000	3,000,000	7,000,000
合計	Ⓑ 50,000,000	15,000,000	35,000,000

（注）1　Ⓑの金額がⒶの金額より少ないときは、各相続人の①欄の金額がそのまま②欄の非課税金額となりますので、③欄の課税金額は0となります。
2　③欄の金額を第11表の「財産の明細」の「価額」欄に転記します。

第9表（平27.7）　　（資4−20−10−A4統一）

書式　第10表 退職手当金などの明細書

退職手当金などの明細書

被相続人	井上　悠人

第10表（平成21年4月分以降用）

1　相続や遺贈によって取得したものとみなされる退職手当金など

この表は、相続人やその他の人が被相続人から相続や遺贈によって取得したものとみなされる退職手当金、功労金、退職給付金などを受け取った場合に、その受取金額などを記入します。

勤務先会社等の所在地	勤務先会社等の名称	受取年月日	退職手当金などの名称	受取金額	受取人の氏名
品川区○○8-2-5	㈱○○製作所	元·11·15	退職金	18,000,000 円	井上 杏子
		· ·			
		· ·			
		· ·			
		· ·			

（注）1　相続人（相続の放棄をした人を除きます。以下同じです。）が受け取った退職手当金などのうち一定の金額は非課税となりますので、その人は、次の２の該当欄に非課税となる金額と課税される金額とを記入します。

2　相続人以外の人が受け取った退職手当金などについては、非課税となる金額はありませんので、その人は、その受け取った金額そのままを第11表の「財産の明細」の「価額」の欄に転記します。

2　課税される金額の計算

この表は、被相続人の死亡によって相続人が退職手当金などを受け取った場合に、記入します。

退職手当金などの非課税限度額	（500万円× 3 人〔第２表のⒶの法定相続人の数〕により計算した金額を右のⒶに記入します。）	Ⓐ 15,000,000 円

退職手当金などを受け取った相続人の氏名	① 受け取った退職手当金などの金額	② 非課税金額（Ⓐ× 各人の①／Ⓑ）	③ 課税金額（①−②）
井上 杏子	18,000,000 円	15,000,000 円	3,000,000 円
合計	Ⓑ 18,000,000	15,000,000	3,000,000

（注）1　Ⓑの金額がⒶの金額より少ないときは、各相続人の①欄の金額がそのまま②欄の非課税金額となりますので、③欄の課税金額は０となります。

2　③欄の金額を第11表の「財産の明細」の「価額」欄に転記します。

第10表(平27.7)　　（資４－20－11－Ａ４統一）

書式　第11表 相続税がかかる財産の明細書

相続税がかかる財産の明細書
（相続時精算課税適用財産を除きます。）

第11表（平成31年1月分以降用）

○相続時精算課税適用財産の明細については、この表によらず第11の2表に記載します。

被相続人	井上　悠人

この表は、相続や遺贈によって取得した財産及び相続や遺贈によって取得したものとみなされる財産のうち、相続税のかかるものについての明細を記入します。

遺産の分割状況				
	区分	1 全部分割	2 一部分割	3 全部未分割
	分割の日	元・10・23	・　・	

財産の明細							分割が確定した財産	
種類	細目	利用区分、銘柄等	所在場所等	数量 固定資産税評価額	単価 倍数	価額	取得した人の氏名	取得財産の価額
土地	宅地	自用地（居住用）	東京都武蔵野市○-○-○	210.5㎡ 円	円 （11・11の2表の付表1のとおり）	円 11,800,000	井上 杏子	（持分1／1）円 11,800,000
土地	宅地	自用地	東京都武蔵野市○-○-○	60㎡		13,000,000	井上　花	13,000,000
《計》						《24,800,000》		
家屋	家屋	自用家屋	東京都武蔵野市○-○-○	161.0㎡ 5,500,000	1.0	5,500,000	井上 杏子	5,500,000
《計》						《5,500,000》		
有価証券	その他の株式	○○電力㈱	○○証券武蔵野支店	1,000株	530	530,000	井上　花	530,000
有価証券	その他の株式	○○建設㈱	○○証券武蔵野支店	3,000株	765	2,295,000	井上 杏子	2,295,000
有価証券	その他の株式	㈱○○電鉄	○○証券武蔵野支店	2,000株	1,010	2,020,000	井上 良太	2,020,000
	（小計）					（4,845,000）		
有価証券	貸付信託の受益証券	○○信託銀行 貸付信託○号×回	○○信託銀行武蔵野支店			1,800,000	井上 杏子	1,800,000
	（小計）					（1,800,000）		
《計》						《6,645,000》		
現金預金等		現金	東京都武蔵野市○-○-○			520,000	井上 杏子	520,000
現金預金等		定期預金	○○銀行武蔵野支店			13,000,000	井上 杏子	13,000,000
現金預金等		定期預金	△△銀行武蔵野支店			1,500,000	井上　花	1,500,000

合計表								
	財産を取得した人の氏名		（各人の合計）					
	分割財産の価額	①	円	円	円	円	円	円
	未分割財産の価額	②						
	各人の取得財産の価額（①＋②）	③						

（注）1　「合計表」の各人の③欄の金額を第1表のその人の「取得財産の価額①」欄に転記します。
2　「財産の明細」の「価額」欄は、財産の細目、種類ごとに小計及び計を付し、最後に合計を付して、それらの金額を第15表の①から㉘までの該当欄に転記します。

第11表（令元.7）　　（資4－20－12－1－A4統一）

相続税がかかる財産の明細書
（相続時精算課税適用財産を除きます。）

被相続人	井上　悠人

第11表（平成31年1月分以降用）

○相続時精算課税適用財産の明細については、この表によらず第11の2表に記載します。

この表は、相続や遺贈によって取得した財産及び相続や遺贈によって取得したものとみなされる財産のうち、相続税のかかるものについての明細を記入します。

遺産の分割状況	区分	1 全部分割	2 一部分割	3 全部未分割
	分割の日	元・10・23	・　・	

財産の明細							分割が確定した財産	
種類	細目	利用区分、銘柄等	所在場所等	数量 / 固定資産税評価額	単価 / 倍数	価額	取得した人の氏名	取得財産の価額
現金預金等		普通預金	△△銀行 武蔵野支店	円	円	円 3,500,000	井上 良太	円 3,500,000
《計》						《18,520,000》		
家庭用財産		家具等一式	東京都 武蔵野市○-○-○			650,000	井上 良太	650,000
《計》						《650,000》		
その他の財産	生命保険金等					21,000,000	井上 杏子	21,000,000
その他の財産	生命保険金等					7,000,000	井上　花	7,000,000
その他の財産	生命保険金等					7,000,000	井上 良太	7,000,000
	（小計）					（35,000,000）		
その他の財産	退職手当金等					3,000,000	井上 杏子	3,000,000
	（小計）					（3,000,000）		
《計》						《38,000,000》		
〔合計〕						〔94,115,000〕		

合計表		（各人の合計）	井上 杏子	井上　花	井上 良太		
財産を取得した人の氏名		（各人の合計）	井上 杏子	井上　花	井上 良太		
分割財産の価額	①	円 94,115,000	円 58,915,000	円 22,030,000	円 13,170,000	円	円
未分割財産の価額	②						
各人の取得財産の価額（①＋②）	③	94,115,000	58,915,000	22,030,000	13,170,000		

（注）1 「合計表」の各人の③欄の金額を第1表のその人の「取得財産の価額①」欄に転記します。
2 「財産の明細」の「価額」欄は、財産の細目、種類ごとに小計及び計を付し、最後に合計を付して、それらの金額を第15表の①から㉘までの該当欄に転記します。

第11表（令元.7）　　（資4−20−12−1−A4統一）

書式　第11・11の2表の付表1 小規模宅地等についての課税価格の計算明細書

小規模宅地等についての課税価格の計算明細書

FD3547

被相続人　井上　悠人

第11・11の2表の付表1（平成31年1月分以降用）

○この申告書は機械で読み取りますので、黒ボールペンで記入してください。

この表は、小規模宅地等の特例（租税特別措置法第69条の4第1項）の適用を受ける場合に記入します。
なお、被相続人から、相続、遺贈又は相続時精算課税に係る贈与により取得した財産のうちに、「特定計画山林の特例」の対象となり得る財産又は「個人の事業用資産についての相続税の納税猶予及び免除」の対象となり得る宅地等がある場合には、第11・11の2表の付表2を、「特定事業用資産の特例」の対象となり得る財産がある場合には、第11・11の2表の付表2の2を作成します（第11・11の2表の付表2又は付表2の2を作成する場合には、この表の「1 **特例の適用にあたっての同意**」欄の記入を要しません。）。
（注）この表の1又は2の各欄に記入しきれない場合には、第11・11の2表の付表1(続)を使用します。

1　特例の適用にあたっての同意

この欄は、小規模宅地等の特例の対象となり得る宅地等を取得した全ての人が次の内容に同意する場合に、その宅地等を取得した全ての人の氏名を記入します。

私(私たち)は、「2 小規模宅地等の明細」の①欄の取得者が、小規模宅地等の特例の適用を受けるものとして選択した宅地等又はその一部(「2 小規模宅地等の明細」の⑤欄で選択した宅地等)の全てが限度面積要件を満たすものであることを確認の上、その取得者が小規模宅地等の特例の適用を受けることに同意します。

氏名			
	井上　杏子	井上　花	

（注）小規模宅地等の特例の対象となり得る宅地等を取得した全ての人の同意がなければ、この特例の適用を受けることはできません。

2　小規模宅地等の明細

この欄は、小規模宅地等の特例の対象となり得る宅地等を取得した人のうち、その特例の適用を受ける人が選択した小規模宅地等の明細等を記載し、相続税の課税価格に算入する価額を計算します。

「小規模宅地等の種類」欄は、選択した小規模宅地等の種類に応じて次の1～4の番号を記入します。
小規模宅地等の種類：1 **特定居住用宅地等**、2 **特定事業用宅地等**、3 **特定同族会社事業用宅地等**、4 **貸付事業用宅地等**

	小規模宅地等の種類（1～4の番号を記入します。）	① 特例の適用を受ける取得者の氏名〔事業内容〕 ② 所在地番 ③ 取得者の持分に応ずる宅地等の面積 ④ 取得者の持分に応ずる宅地等の価額	⑤ ③のうち小規模宅地等(「限度面積要件」を満たす宅地等)の面積 ⑥ ④のうち小規模宅地等(④×⑤/③)の価額 ⑦ 課税価格の計算に当たって減額される金額(⑥×⑨) ⑧ 課税価格に算入する価額(④－⑦)
選択した小規模宅地等	1	① 井上　杏子〔　〕	⑤ 210.50 ㎡
		② 東京都武蔵野市○－○－○	⑥ 59000000 円
		③ 210.50 ㎡	⑦ 47200000 円
		④ 59000000 円	⑧ 11800000 円
		①〔　〕	⑤ ㎡
		②	⑥ 円
		③ ㎡	⑦ 円
		④ 円	⑧ 円
		①〔　〕	⑤ ㎡
		②	⑥ 円
		③ ㎡	⑦ 円
		④ 円	⑧ 円

(注) 1　①欄の「〔　〕」は、選択した小規模宅地等が被相続人等の事業用宅地等(2、3又は4)である場合に、相続開始の直前にその宅地等の上で行われていた被相続人等の事業について、例えば、飲食サービス業、法律事務所、貸家などのように具体的に記入します。
2　小規模宅地等を選択する一の宅地等が共有である場合又は一の宅地等が貸家建付地である場合において、その評価額の計算上「賃貸割合」が1でないときには、第11・11の2表の付表1(別表1)を作成します。
3　⑧欄の金額を第11表の「財産の明細」の「価額」欄に転記します。

○「限度面積要件」の判定

上記「2 小規模宅地等の明細」の⑤欄で選択した宅地等の全てが限度面積要件を満たすものであることを、この表の各欄を記入することにより判定します。

小規模宅地等の区分	被相続人等の居住用宅地等	被相続人等の事業用宅地等		
小規模宅地等の種類	1 特定居住用宅地等	2 特定事業用宅地等	3 特定同族会社事業用宅地等	4 貸付事業用宅地等
⑨ 減額割合	80/100	80/100	80/100	50/100
⑩ ⑤の小規模宅地等の面積の合計	210.5 ㎡	㎡	㎡	㎡
⑪ 限度面積 イ 小規模宅地等のうちに4貸付事業用宅地等がない場合	〔1の⑩の面積〕 210.5 ≦330㎡	〔2の⑩及び3の⑩の面積の合計〕 ㎡ ≦ 400㎡		
⑪ 限度面積 ロ 小規模宅地等のうちに4貸付事業用宅地等がある場合	〔1の⑩の面積〕 ㎡ × 200/330 ＋	〔2の⑩及び3の⑩の面積の合計〕 ㎡ × 200/400 ＋	〔4の⑩の面積〕 ㎡ ≦ 200㎡	

(注) 限度面積は、小規模宅地等の種類(「4 貸付事業用宅地等」の選択の有無)に応じて、⑪欄(イ又はロ)により判定を行います。「限度面積要件」を満たす場合に限り、この特例の適用を受けることができます。

※の項目は記入する必要がありません。

※税務署整理欄	年分		名簿番号		申告年月日		一連番号		グループ番号		補完	

第11・11の2表の付表1(令元.7)　　(資4－20－12－3－1－A4統一)

書式　第13表 債務及び葬式費用の明細書

第13表（平成30年4月分以降用）

債務及び葬式費用の明細書

被相続人	井上　悠人

1 債務の明細（この表は、被相続人の債務について、その明細と負担する人の氏名及び金額を記入します。）

債務の明細						負担することが確定した債務	
種類	細目	債権者		発生年月日 弁済期限	金額	負担する人の氏名	負担する金額
		氏名又は名称	住所又は所在地				
公租公課	元年度分固定資産税	武蔵野市役所	武蔵野市○○ △－△－△	31・1・1 ・　・	円 180,000	井上 花	円 180,000
公租公課	元年度分住民税	武蔵野市役所	武蔵野市○○ △－△－△	31・1・1 ・　・	420,000	井上杏子	420,000
銀行借入金	証書借入れ	○○銀行 武蔵野支店	武蔵野市○○ ×－×－×	26・7・1 3・6・30	18,000,000	井上杏子	18,000,000
				・　・ ・　・			
				・　・ ・　・			
				・　・ ・　・			
合計					18,600,000		

2 葬式費用の明細（この表は、被相続人の葬式に要した費用について、その明細と負担する人の氏名及び金額を記入します。）

葬式費用の明細				負担することが確定した葬式費用	
支払先		支払年月日	金額	負担する人の氏名	負担する金額
氏名又は名称	住所又は所在地				
○○寺	武蔵野市△△ 1－2－3	元・10・17	1,500,000 円	井上杏子	円 1,500,000
○○商店	武蔵野市△△ 5－5－5	元・10・17	95,000	井上杏子	95,000
○○酒店	武蔵野市△△ 2－8－1	元・10・17	75,000	井上杏子	75,000
○○葬儀社	武蔵野市△△ 8－3－5	元・10・17	1,500,000	井上杏子	1,500,000
その他	（別紙のとおり）	・　・	50,000	井上杏子	50,000
		・　・			
合計			3,220,000		

3 債務及び葬式費用の合計額

債務などを承継した人の氏名			（各人の合計）	井上杏子	井上 花		
債務	負担することが確定した債務	①	円 18,600,000	円 18,420,000	円 180,000	円	円
	負担することが確定していない債務	②					
	計（①＋②）	③	18,600,000	18,420,000	180,000		
葬式費用	負担することが確定した葬式費用	④	3,220,000	3,220,000			
	負担することが確定していない葬式費用	⑤					
	計（④＋⑤）	⑥	3,220,000	3,220,000			
合計（③＋⑥）		⑦	21,820,000	21,640,000	180,000		

（注）1　各人の⑦欄の金額を第１表のその人の「債務及び葬式費用の金額③」欄に転記します。
　　2　③、⑥及び⑦欄の金額を第15表の㉝、㉞及び㉟欄にそれぞれ転記します。

第13表（平27.7）　　（資４－20－14－Ａ４統一）

書式　第15表 相続財産の種類別価額表

相続財産の種類別価額表（この表は、第11表から第14表までの記載に基づいて記入します。）　FD3535

○この申告書は機械で読み取りますので、黒ボールペンで記入してください。

（単位は円）

被相続人：井上　悠人

種類	細目	番号	各人の合計	（氏名）井上　杏子
※	整理番号		被相続人	
土地（土地の上に存する権利を含みます。）	田	①		
	畑	②		
	宅地	③	24800000	11800000
	山林	④		
	その他の土地	⑤		
	計	⑥	24800000	11800000
	⑥のうち特例農地等　通常価額	⑦		
	⑥のうち特例農地等　農業投資価格による価額	⑧		
家屋、構築物		⑨	5500000	5500000
事業（農業）用財産	機械、器具、農耕具、その他の減価償却資産	⑩		
	商品、製品、半製品、原材料、農産物等	⑪		
	売掛金	⑫		
	その他の財産	⑬		
	計	⑭		
有価証券	特定同族会社の株式及び出資　配当還元方式によったもの	⑮		
	特定同族会社の株式及び出資　その他の方式によったもの	⑯		
	⑮及び⑯以外の株式及び出資	⑰	4845000	2295000
	公債及び社債	⑱		
	証券投資信託、貸付信託の受益証券	⑲	1800000	1800000
	計	⑳	6645000	4095000
現金、預貯金等		㉑	18520000	13520000
家庭用財産		㉒	650000	
その他の財産	生命保険金等	㉓	35000000	21000000
	退職手当金等	㉔	3000000	3000000
	立木	㉕		
	その他	㉖		
	計	㉗	38000000	24000000
合計（⑥＋⑨＋⑭＋⑳＋㉑＋㉒＋㉗）		㉘	94115000	58915000
相続時精算課税適用財産の価額		㉙		
不動産等の価額（⑥＋⑨＋⑩＋⑮＋⑯＋㉕）		㉚	30300000	17300000
⑯のうち株式等納税猶予対象の株式等の価額の80％の額		㉛		
⑰のうち株式等納税猶予対象の株式等の価額の80％の額		㉜		
債務等	債務	㉝	18600000	18420000
	葬式費用	㉞	3220000	3220000
	合計（㉝＋㉞）	㉟	21820000	21640000
差引純資産価額（㉘＋㉙－㉟）（赤字のときは0）		㊱	72295000	37275000
純資産価額に加算される暦年課税分の贈与財産価額		㊲		
課税価格（㊱＋㊲）（1,000円未満切捨て）		㊳	72295000	37275000

※の項目は記入する必要がありません。

※税務署整理欄	申告区分		年分		名簿番号		申告年月日		グループ番号	

第15表（平27.7）　　（資4－20－16－1－A4統一）

第15表（平成30年分以降用）

書式　第15表（続）相続財産の種類別価額表（続）

相続財産の種類別価額表（続）（この表は、第11表から第14表までの記載に基づいて記入します。）　FD3536

（単位は円）

被相続人　井上　悠人

種類	細目	番号	（氏名）井上　花	（氏名）井上　良太
※	整理番号			
土地（土地の上に存する権利を含みます。）	田	①		
	畑	②		
	宅地	③	13000000	
	山林	④		
	その他の土地	⑤		
	計	⑥	13000000	
	⑥のうち特例農地等　通常価額	⑦		
	⑥のうち特例農地等　農業投資価格による価額	⑧		
家屋、構築物		⑨		
事業（農業）用財産	機械、器具、農耕具、その他の減価償却資産	⑩		
	商品、製品、半製品、原材料、農産物等	⑪		
	売掛金	⑫		
	その他の財産	⑬		
	計	⑭		
有価証券	特定同族会社の株式及び出資　配当還元方式によったもの	⑮		
	特定同族会社の株式及び出資　その他の方式によったもの	⑯		
	⑮及び⑯以外の株式及び出資	⑰	530000	2020000
	公債及び社債	⑱		
	証券投資信託、貸付信託の受益証券	⑲		
	計	⑳	530000	2020000
現金、預貯金等		㉑	1500000	3500000
家庭用財産		㉒		650000
その他の財産	生命保険金等	㉓	7000000	7000000
	退職手当金等	㉔		
	立木	㉕		
	その他	㉖		
	計	㉗	7000000	7000000
合計（⑥＋⑨＋⑭＋⑳＋㉑＋㉒＋㉗）		㉘	22030000	13170000
相続時精算課税適用財産の価額		㉙		
不動産等の価額（⑥＋⑨＋⑩＋⑮＋⑯＋㉕）		㉚	13000000	
⑯のうち株式等納税猶予対象の株式等の価額の80％の額		㉛		
⑰のうち株式等納税猶予対象の株式等の価額の80％の額		㉜		
債務等	債務	㉝	180000	
	葬式費用	㉞		
	合計（㉝＋㉞）	㉟	180000	
差引純資産価額（㉘＋㉙－㉟）（赤字のときは0）		㊱	21850000	13170000
純資産価額に加算される暦年課税分の贈与財産価額		㊲		
課税価格（㊱＋㊲）（1,000円未満切捨て）		㊳	21850000	13170000

○この申告書は機械で読み取りますので、黒ボールペンで記入してください。

※の項目は記入する必要がありません。

第15表（続）（平成30年分以降用）

※税務署整理欄	申告区分		年分		名簿番号		申告年月日		グループ番号	

第15表(続)（平27.7）　（資4－20－16－2－A4統一）

11 申告書に添付するその他の添付書類について知っておこう

取得する財産や適用する特例によって添付書類が異なる

申告書とともにさまざまな書類を提出する

相続税は、第15表まである申告書の多さもさることながら、その添付書類のバリエーションも実に豊富です。相続人の身分を証明する書類を始めとして、相続により取得する財産の価格を証明する書類、特例を受ける場合にのみ必要となる書類など、さまざまな種類があります。どのような財産が相続の対象となっているのか、またどの特例を受けるのかによっても提出する添付書類は異なります。そのため、相続税の申告書を提出するに際しては、必要になる添付書類を丁寧に確認していく必要があります。まずは、特例の適用を受けない場合に提出する添付書類について見ていきましょう。この場合の添付書類は、①相続人の身分や相続の権利を証明する書類、②相続により取得する財産や債務の価格を証明する書類に分けられます。

①　相続人の身分や相続の権利を証明する書類

まず、相続人や被相続人の身分を証明する書類として、次のいずれかの原本またはコピーを用意します。

・被相続人のすべての相続人の戸籍謄本（相続開始の日から10日以上経過した日に作成されたもの）

・図形式の法定相続情報一覧図の写し（子の続柄が実子または養子のいずれであるかが分かるように記載されたもの）

次に、相続の権利を証明する書類として、「遺言書または遺産分割協議書の写し」および「遺産分割協議書への押印に使用したすべての相続人の印鑑証明書」です。この２つの書類に関しては、配偶者の税額軽減及び小規模宅地等の特例を適用しない場合は添付しなくてもよいものとされています。最後は、「被相続人及び相続時精算課税適用者の戸籍の附票の写し」です。この書類は、相続時精算課税適用者がいる場合にのみ提出します。上記書類のうち、戸籍謄本と印鑑証明書は、各市町村の役所で取ることができます。

② 相続により取得する財産や債務の価格を証明する書類

取得する財産の種類に応じて用意するため、様式の種類は多岐に及びます。代表的なものは以下のとおりです。

【財産】
・土地・建物…登記簿謄本、固定資産税評価明細書
・退職金・生命保険金…支払通知書
・預貯金…預金残高証明書、過去の通帳の写し等
・家財…明細を記載した用紙
【債務】
・借入金…金銭消費貸借契約書の写し、または銀行の残高証明書
・未納付となっている租税公課…課税通知書、納付書
・保険料や公共料金等の未払金…請求書、領収書
・葬儀費用…領収書（ない場合は明細を記載した用紙）

財産の中には、その評価額の計算に使用する評価明細書の添付が必要なものもあります。たとえば、土地であれば「土地及び土地の上に存する権利の評価明細書」、上場株式であれば「上場株式の評価明細書」（243ページ）を添付します。「土地及び土地の上に存する権利の評価明細書」（244ページ）は、相続や贈与に際して土地を取得した場合に提出します。取得した土地の路線価などに基づいて1㎡当たりの価額を算出し、取得した土地全体の評価額を求めます。「上場株式の評価明細書」は贈与や相続により上場株式を取得した場合に作成し、一株当たりの評価額の計算を行います。株価には毎日値動きがありま

すので、原則としてその評価を行う日の最終価格で評価計算を行います。評価を行う日とは、贈与の場合は財産を取得した日、相続の場合は被相続人が亡くなった日のことで、これを「課税時期」といいます。

ただし、課税時期の属する月の毎日の最終価格の平均額、その前月の毎日の最終価格の平均額、前々月の毎日の最終価格の平均額と比較して、最も低い価格で評価します。それぞれの株価については、証券会社等を通して調べることが可能です。証券会社等から取り付けた株価に関する資料などの書類については、明細書に添付し、税務署へ提出します。

特例の適用を受ける場合に提出する書類がある

特例の適用を受ける場合は、前述した書類にさらに追加する必要があります。追加する書類は適用する特例に応じて異なりますので、ここでは特例の中でも代表的なケースを見ていきましょう。

まず、配偶者の税額軽減を適用するケースです。基本的には前述した、特例の適用を受けない場合に提出する添付書類（遺産分割協議書（または遺言書）の写し、相続人全員の印鑑証明書を含みます）と同じです。ただし、申告期限内に遺産分割が完了しない場合は、「申告期限後３年以内の分割見込書」も添付します。

次に、小規模宅地等の特例の適用を受ける場合です。特例の対象となる宅地が特定居住用宅地等である場合は、特例の適用を受けない場合に提出する添付書類に「住民票の写し」を追加します。また、相続開始前に当該宅地に居住していなかったなど一定の要件を満たす人が相続人である場合は、さらに「戸籍の附票の写し」「相続開始前３年以内に居住していた家屋が、自己または自己の配偶者の所有する家屋以外の家屋である旨を証する書類」を追加します。申告期限内に遺産分割が完了しない場合に「申告期限後３年以内の分割見込書」を添付する点は、配偶者の税額軽減を適用する場合と同じです。

書式　上場株式の評価明細書

上　場　株　式　の　評　価　明　細　書

銘　柄	取引所等の名称	課税時期の最終価格		最終価格の月平均額			評価額（①の金額又は①から④までのうち最も低い金額）	増資による権利落等の修正計算その他の参考事項
		月　日	① 価　額	課税時期の属する月 ② 5月	課税時期の属する月の前月 ③ 4月	課税時期の属する月の前々月 ④ 3月		
			円	円	円	円	円	
○○電力㈱	東1	10月15日	530	535	542	556	530	
○○建設㈱	東1	10月15日	765	771	785	793	765	
㈱○○電鉄	東1	10月15日	1,045	1,050	1,010	1,035	1,010	

記載方法等

1　**「取引所等の名称」**欄には、課税時期の最終価格等について採用した金融商品取引所名及び市場名を、例えば、東京証券取引所の市場第1部の最終価格等を採用した場合には、「東1」と記載します。

2　**「課税時期の最終価格」**の**「月日」**欄には、課税時期を記載します。ただし、課税時期に取引がない場合等には、課税時期の最終価格として採用した最終価格についての取引月日を記載します。

3　**「最終価格の月平均額」**の「②」欄、「③」欄及び「④」欄には、それぞれの月の最終価格の月平均額を記載します。ただし、最終価格の月平均額について増資による権利落等の修正計算を必要とする場合には、修正計算後の最終価格の月平均額を記載するとともに、修正計算前の最終価格の月平均額をかっこ書きします。

4　**「評価額」**欄には、負担付贈与又は個人間の対価を伴う取引により取得した場合には、「①」欄の金額を、その他の場合には、「①」欄から「④」欄までのうち最も低い金額を記載します。

5　各欄の金額は、各欄の表示単位未満の端数を切り捨てます。

（資4－30－A4標準）

書式　土地及び土地の上に存する権利の評価明細書

土地及び土地の上に存する権利の評価明細書（第１表）

局(所)　　署	元 年分	1 ページ

（平成三十一年一月分以降用）

（住居表示）	（東京都武蔵野市○-○-○）	所有者	住所（所在地）	東京都武蔵野市○-○-○	使用者	住所（所在地）	東京都武蔵野市○-○-○
所在地番	東京都武蔵野市○-○-○		氏名（法人名）	井上　悠人		氏名（法人名）	井上　悠人

地目	地積	路線価 正面	路線価 側方	路線価 側方	路線価 裏面	地形図及び参考事項
宅地（○）　山林　田　雑種地　畑　（　　）	60 ㎡	221,000円	222,000円	円	円	

間口距離	10 m	利用区分	自用地（○）　私道　貸宅地　貸家建付借地権　貸家建付地　転貸借地権　借地権　（　　）	地区区分	ビル街地区　普通住宅地区（○）　高度商業地区　中小工場地区　繁華街地区　大工場地区　普通商業・併用住宅地区
奥行距離	6 m				

自用地１平方メートル当たりの価額

項目	（1㎡当たりの価額）	記号
1　一路線に面する宅地 （正面路線価）　（奥行価格補正率） 221,000 円 × 0 95	209,950 円	A
2　二路線に面する宅地 （A）　[側方（○）・裏面 路線価]　（奥行価格補正率）　[側方・二方 路線影響加算率] 209,950 円 ＋ （222,000 円 × 1.00 × 0.03）	216,610 円	B
3　三路線に面する宅地 （B）　[側方・裏面 路線価]　（奥行価格補正率）　[側方・二方 路線影響加算率] 円 ＋ （　円 × . × 0.　）	円	C
4　四路線に面する宅地 （C）　[側方・裏面 路線価]　（奥行価格補正率）　[側方・二方 路線影響加算率] 円 ＋ （　円 × . × 0.　）	円	D
5-1　間口が狭小な宅地等 （AからDまでのうち該当するもの）　（間口狭小補正率）（奥行長大補正率） 円 × （ . × . ）	円	E
5-2　不整形地 （AからDまでのうち該当するもの）　不整形地補正率※ 円 × 0. ※不整形地補正率の計算 （想定整形地の間口距離）（想定整形地の奥行距離）（想定整形地の地積） m × m ＝ ㎡ （想定整形地の地積）（不整形地の地積）（想定整形地の地積）（かげ地割合） （ ㎡ － ㎡） ÷ ㎡ ＝ ％ （不整形地補正率表の補正率）（間口狭小補正率）（小数点以下2位未満切捨て） 0. × . ＝ 0. ① （奥行長大補正率）（間口狭小補正率） . × . ＝ 0. ② ［不整形地補正率（①、②のいずれか低い率、0.6を下限とする。）］ 0.	円	F
6　地積規模の大きな宅地 （AからFまでのうち該当するもの）　規模格差補正率※ 円 × 0. ※規模格差補正率の計算 （地積（Ⓐ））（Ⓑ）（Ⓒ）（地積（Ⓐ））（小数点以下2位未満切捨て） ｛（ ㎡× ＋ ）÷ ㎡｝× 0.8 ＝ 0.	円	G
7　無道路地 （F又はGのうち該当するもの）　（※） 円 × （1 － 0.　） ※割合の計算（0.4を上限とする。） （正面路線価）（通路部分の地積）（F又はGのうち該当するもの）（評価対象地の地積） （ 円 × ㎡）÷（ 円 × ㎡）＝ 0.	円	H
8-1　がけ地等を有する宅地　〔南、東、西、北〕 （AからHまでのうち該当するもの）　（がけ地補正率） 円 × 0.	円	I
8-2　土砂災害特別警戒区域内にある宅地 （AからHまでのうち該当するもの）　特別警戒区域補正率※ 円 × 0. ※がけ地補正率の適用がある場合の特別警戒区域補正率の計算（0.5を下限とする。） 〔南、東、西、北〕 （特別警戒区域補正率表の補正率）（がけ地補正率）（小数点以下2位未満切捨て） 0. × 0. ＝ 0.	円	J
9　容積率の異なる2以上の地域にわたる宅地 （AからJまでのうち該当するもの）　（控除割合（小数点以下3位未満四捨五入）） 円 × （1 － 0.　）	円	K
10　私道 （AからKまでのうち該当するもの） 円 × 0.3	円	L

自用地の評価額	自用地1平方メートル当たりの価額（AからLまでのうちの該当記号）	地積	総額（自用地1㎡当たりの価額）×（地積）	
	（A）216,610 円	60 ㎡	12,996,600 円	M

（注）1　5-1の「間口が狭小な宅地等」と5-2の「不整形地」は重複して適用できません。
2　5-2の「不整形地」の「AからDまでのうち該当するもの」欄の価額について、AからDまでの欄で計算できない場合には、（第2表）の「備考」欄等で計算してください。
3　「がけ地等を有する宅地」であり、かつ、「土砂災害特別警戒区域内にある宅地」である場合については、8-1の「がけ地等を有する宅地」欄ではなく、8-2の「土砂災害特別警戒区域内にある宅地」欄で計算してください。

（資4－25－1－A4統一）

土地及び土地の上に存する権利の評価明細書（第２表）

（平成三十一年一月分以降用）

セットバックを必要とする宅地の評価額	（自用地の評価額） 円 −（（自用地の評価額） 円 ×（該当地積）㎡ ／（総地積）㎡ × 0.7）	（自用地の評価額） 円	N
都市計画道路予定地の区域内にある宅地の評価額	（自用地の評価額） 円 × 0.（補正率）	（自用地の評価額） 円	O

大規模工場用地等の評価額	○ 大規模工場用地等 （正面路線価） 円 ×（地積）㎡ ×（地積が20万㎡以上の場合は0.95）	円	P
	○ ゴルフ場用地等 （宅地とした場合の価額）（地積）（ 円 × ㎡×0.6）−（（1㎡当たりの造成費） 円×（地積）㎡）	円	Q

総額計算による価額	利用区分	算式	総額	記号
	貸宅地	（自用地の評価額） 円 ×（1− 0.（借地権割合））	円	R
	貸家建付地	（自用地の評価額又はT） 円 ×（1− 0.（借地権割合）×0.（借家権割合）×（賃貸割合）㎡／㎡）	円	S
	（　）権の目的となっている土地	（自用地の評価額） 円 ×（1− 0.（　割合））	円	T
	借地権	（自用地の評価額） 円 × 0.（借地権割合）	円	U
	貸家建付借地権	（U，ABのうちの該当記号）（　） 円 ×（1− 0.（借家権割合）×（賃貸割合）㎡／㎡）	円	V
	転貸借地権	（U，ABのうちの該当記号）（　） 円 ×（1− 0.（借地権割合））	円	W
	転借権	（U，V，ABのうちの該当記号）（　） 円 × 0.（借地権割合）	円	X
	借家人の有する権利	（U，X，ABのうちの該当記号）（　） 円 × 0.（借家権割合）×（賃借割合）㎡／㎡	円	Y
	（　）権	（自用地の評価額） 円 × 0.（　割合）	円	Z
	権利が競合する場合の土地	（R，Tのうちの該当記号）（　） 円 ×（1− 0.（　割合））	円	AA
	他の権利と競合する場合の権利	（U，Zのうちの該当記号）（　） 円 ×（1− 0.（　割合））	円	AB
備考				

（注）　区分地上権と区分地上権に準ずる地役権とが競合する場合については、備考欄等で計算してください。

（資4−25−2−Ａ4統一）

12 相続税の延納と物納について知っておこう

物納とは相続税を金銭以外の財産で納付することである

続税の延納とは

納付期限までに金銭により相続税を納めることができないときは、一定の要件を満たした場合に限り、延納または物納が認められます。

相続税の延納とは、相続税を一度に全額を払えないときに、毎年一定額ずつ支払っていくことです。延納をするには、以下の要件を満たすことが必要です。

・納付する金額が10万円を超えること
・金銭で一度に納付することが難しい理由があること
・延納税額に見合う担保を提供すること（担保に提供できるものは国債などの有価証券や土地などの一定のものに限られています。なお、延納する税額が100万円以下で、かつ、延納期間が３年以内の場合には担保は不要です）
・相続税の納期限（相続の開始を知った日の翌日から10か月以内）までに延納申請書を提出すること

税務署は、提出のあった書類の内容を調査した後に、適正であれば許可の通知をします。延納できる期間は、原則として５年以内ですが、不動産等の占める割合によっては10年から20年まで延長することができます。有価証券や現金、預金といった動産と比べると、不動産は換金化が難しいと考えられるためです。また、延納の場合には、相続税額と延納期間に応じて利息がかかります。これを利子税といいます。利子税についても、不動産等の占める割合が高いほど低く設定されています。延納の利子税率より金融機関からの借入金利率が低い時は、延納をやめて金融機関から借りて払ってしまうのも得策です。

なお、初めに延納を選択した場合でも、一定の条件にあえば後から物納に切り替えることもできます。具体的には、延納の許可を受けた後で支払いが難しくなったなど、延納する約束が守れなくなった場合に、申告期限から10年以内であれば、まだ納めていない税金分に関して延納から物納に変更できます。また、反対に物納から延納に切り替えることも可能です。

相続税の物納とは

税金は、金銭で納付することが原則ですが、不動産しか相続しなかった場合など、相続税を延納によっても金銭で納付することが困難な場合には、申請により物納をすることができます。

物納は、納税者の売り急ぎによる不利益を回避するために設けられている制度です。たとえば、相続税が課税された土地を、被相続人の死亡時の路線価等で評価した額で納税する方法です。路線価等で評価した額が実際の売却予定額を上回る状況では物納が有利になります。

物納の要件は、①延納によっても金銭で納付することが困難な事情があること、②納期限または納付すべき日（物納申請期限）までに物納申請書に物納手続関係書類を添付して提出すること、です。

ただし、物納申請期限までに物納手続関係書類を提出することができない場合は、「物納手続関係書類提出期限延長届出書」を提出することにより、１回につき３か月を限度として、最長で１年まで物納手続関係書類の提出期限を延長することができます。物納申請書が提出された場合には、税務署では、その物納申請に係る要件の調査結果に基づいて、物納申請期限から３か月以内に許可または却下を行います。申請財産の状況によっては、許可または却下までの期間を最長で９か月まで延長する場合があります。

なお、物納できない財産もあり、物納できる財産についても物納に充てる際の優先順位が決まっています（248ページ図）。

延納・物納手続きを利用する場合の添付書類

延納または物納をする場合は、定められた書類を提出することが必要です。延納が認められる要件の中には、金銭納付が困難である事情があることおよび担保を提供することが含まれています。そのため、延納申請する時は、「延納申請書」の他、「金銭納付を困難とする理由書」「延納申請書別紙（担保目録および担保提供書）」「不動産等の財産の明細書」「担保提供関係書類」を提出することになります。「担保提供関係書類」は担保財産の種類によって異なり、たとえば土地であれば「登記事項証明書」や「固定資産税評価明細書」などが必要になります。

物納が認められる要件の中には、延納と同じように、金銭納付が困難である事情があること、という内容が含まれています。一方で、延納とは異なり財産により相続税を納付することから、申請財産が物納適格財産であり、かつ、定められた順位によっている必要もあります。そのため、物納を申請する時は、「物納申請書」「金銭納付を困難とする理由書」の他、「物納財産目録」「物納手続関係書類」を提出することになります。「物納手続関係書類」は財産の種類に応じて異なりますが、たとえば土地であれば「登記事項証明書」「地積測量図」「公図の写し」などを提出します。

■ 物納できる財産とできない財産

物納できる財産

物納の順位 ↓

① 国債・地方債・不動産・船舶・上場株式
② 非上場株式など
③ 動産

↔

物納できない財産

・抵当権がついている不動産
・共有財産
・所有権の帰属について争いのある財産
など

書式　相続税延納申請書

税務署収受印

相続税延納申請書

品川 税務署長殿

令和 2 年 8 月20日

（〒140-XXXX）

住 × 東京都品川区××〇－〇－〇

フリガナ

氏 名 田中《タナカ》 五郎《ゴロウ》 印

法人番号			

職 業 会社員　　電 話 03-〇〇〇〇-〇〇〇〇

下記のとおり相続税の延納を申請します。

記

1 延納申請税額

① 納付すべき相続税額	円 167,976,500
0 ①のうち物納申請税額	52,200,000
1 ①のうち納税猶予をする税額	
2 差引 (①－②－③)	115,776,500
3 ④のうち現金で納付する税額	785,200
4 延納申請税額 (④－⑤)	114,991,300

2 金銭で納付することを困難とする理由

別紙「金銭納付を困難とする理由書」のとおり。

3 不動産等の割合

区分		課税相続財産の価額 〔③の税額がある場合には農業投資価格等によります。〕	割合
割合の判定	立木の価額	5	⑩ (⑦／⑨) (端数処理不要) 0.
	不動産等（⑦を含む。）の価額	6 362,900,560	⑪ (⑧／⑨) (端数処理不要) 0.7959
	全体の課税相続財産の価額	7 455,953,410	
割合の計算	立木の価額	⑫ (千円未満の端数切捨て) ,000	⑮ 小数点第三位未満切り上げ ⑫／⑭ 0.
	不動産等（⑦を含む。）の価額	⑬ (千円未満の端数切捨て) 362,900,000	⑯ 小数点第三位未満切り上げ ⑬／⑭ 0.796
	全体の課税相続財産の価額	⑭ (千円未満の端数切捨て) 455,953,000	

作成税理士
事務所所在地
（電話番号）
署名押印 印

4 延納申請税額の内訳　　5 延納申請年数　　6 利子税の割合

				5 延納申請年数		6 利子税の割合
不動産等の割合（⑪）が75%以上の場合	不動産等に係る延納相続税額	〔④×⑯と⑥とのいずれか少ない方の金額〕	⑰ (100円未満端数切り上げ) 92,158,100	最高)20年以内	20	3.6
	動産等に係る延納相続税額	(⑥―⑰)	⑱ 22,833,200	最高)10年以内	10	5.4
不動産等の割合（⑪）が50%以上75%未満の場合	不動産等に係る延納相続税額	〔④×⑯と⑥とのいずれか少ない方の金額〕	⑲ (100円未満端数切り上げ) 00	最高)%年以内		3.6
	動産等に係る延納相続税額	(⑥―⑲)	⑳	最高)10年以内		5.4
不動産等の割合（⑪）が50%未満の場合	立木に係る延納相続税額	〔④×⑮と⑥とのいずれか少ない方の金額〕	㉑ (100円未満端数切り上げ) 00	最高)5年以内		4.8
	その他の財産に係る延納相続税額	(⑥―㉑)	㉒	最高)5年以内		6.0

7 不動産等の財産の明細　　別紙不動産等の財産の明細書のとおり

8 担 保　　別紙目録のとおり

税務署整理欄	郵送等年月日	担当者印
	令和 年 月 日	

9　分納税額、分納期限及び分納税額の計算の明細

㉓ 期　間	分　納　期　限	延納相続税額の分納税額（1,000円未満の端数が生ずる場合には端数金額は第1回に含めます。） ㉔ 不動産等又は立木に係る税額（⑰÷「5」欄の年数）、（⑲÷「5」欄の年数）又は（㉑÷「5」欄の年数）	㉕ 動産等又はその他の財産に係る税額（⑱÷「5」欄の年数）、（⑳÷「5」欄の年数）又は（㉒÷「5」欄の年数）	分納税額計（㉔＋㉕）
第１回	令和 3年8月20日	4,625,100円	2,286,200円	6,911,300円
第２回	4年8月20日	4,607,000	2,283,000	6,890,000
第３回	5年8月20日	4,607,000	2,283,000	6,890,000
第４回	6年8月20日	4,607,000	2,283,000	6,890,000
第５回	7年8月20日	4,607,000	2,283,000	6,890,000
第６回	8年8月20日	4,607,000	2,283,000	6,890,000
第７回	9年8月20日	4,607,000	2,283,000	6,890,000
第８回	10年8月20日	4,607,000	2,283,000	6,890,000
第９回	11年8月20日	4,607,000	2,283,000	6,890,000
第10回	12年8月20日	4,607,000	2,283,000	6,890,000
第11回	13年8月20日	4,607,000		4,607,000
第12回	14年8月20日	4,607,000		4,607,000
第13回	15年8月20日	4,607,000		4,607,000
第14回	16年8月20日	4,607,000		4,607,000
第15回	17年8月20日	4,607,000		4,607,000
第16回	18年8月20日	4,607,000		4,607,000
第17回	19年8月20日	4,607,000		4,607,000
第18回	20年8月20日	4,607,000		4,607,000
第19回	21年8月20日	4,607,000		4,607,000
第20回	22年8月20日	4,607,000		4,607,000
計		（⑰、⑲又は㉑の金額）92,158,100	（⑱、⑳又は㉒の金額）22,833,200	（⑥の金額）114,991,300

10　その他参考事項

右の欄の該当の箇所を○で囲み住所氏名及び年月日を記入してください。	（被相続人）、遺贈者	（住所）東京都墨田区××○－○－○
		（氏名）田中　宗太郎
	相　続　開　始　　遺　贈　年　月　日	平成・（令和）元年10月20日
	申告（（期限内）、期限後、修正）、更正、決定年月日	令和 2年8月20日
納　　期　　限		令和 2年8月20日
物納申請の却下に係る延納申請である場合は、当該却下に係る「相続税物納却下通知書」の日付及び番号		平成　　第　　号 令和　　年　　月　　日

氏名　田中 五郎

各種確約書

提供しようとする担保が以下に掲げるものである場合、担保の種類に応じて以下の確約が必要となりますので、該当する事項を確認した上、該当欄文頭の□にチェックしてください。
なお、担保の種類が複数の場合、該当するすべての事項にチェックしてください。

【土地】

【抵当権設定手続関係書類提出確約書】
□ 私の延納申請に関して、税務署長から次の書類の提出を求められた場合には、速やかに提出することを約します。
1 担保（土地）所有者の抵当権設定登記承諾書
2 担保（土地）所有者の印鑑証明書

【建物、立木、及び登記される船舶並びに登録を受けた飛行機、回転翼航空機及び自動車並びに登記を受けた建設機械（以下「建物等」という。）で保険に付したもの】

【抵当権設定手続関係書類提出確約書】
□ 私の延納申請に関して、税務署長から次の書類の提出を求められた場合には、速やかに提出することを約します。
1 担保（建物等）所有者の抵当権設定登記（登録）承諾書
2 担保（建物等）所有者の印鑑証明書

【鉄道財団、工場財団、鉱業財団、軌道財団、運河財団、漁業財団、港湾運送事業財団、道路交通事業財団及び観光施設財団（以下「財団等」という。）】

【抵当権設定手続関係書類提出確約書】
□ 私の延納申請に関して、税務署長から次の書類の提出を求められた場合には、速やかに提出することを約します。
1 担保（財団等）所有者の抵当権設定登記（登録）承諾書
2 担保（財団等）所有者の印鑑証明書

書式　相続税物納申請書

税務署収受印

相 続 税 物 納 申 請 書

品川 税務署長殿
令和 2 年 8 月 20 日

（〒140－XXXX）
住 所　東京都品川区××○－○－○
フリガナ　ハラダ　アキノリ
氏 名　原田《ハラダ》　明憲《アキノリ》　印

法人番号	

職 業　会社員　　電 話 03-○○○○-○○○○

下記のとおり相続税の物納を申請します。

記

1　物納申請税額

① 相 続 税 額		円 128,700,000
同上のうち	②現金で納付する税額	785,200
	③延納を求めようとする税額	56,891,100
	④納税猶予を受ける税額	
	⑤物納を求めようとする税額 （①－（②+③+④））	71,023,700

2　延納によっても金銭で納付することを困難とする理由

（物納ができるのは、延納によっても金銭で納付することが困難な範囲に限ります。）

別紙「金銭納付を困難とする理由書」のとおり）

3　物納に充てようとする財産

別紙目録のとおり。

4　物納財産の順位によらない場合等の事由

別紙「物納劣後財産等を物納に充てる理由書」のとおり）

※　該当がない場合は、二重線で抹消してください。

5　その他参考事項

右の欄の該当の箇所を○で囲み住所氏名及び年月日を記入してください。	(被相続人)、遺贈者	（住所　東京都墨田区××○－○－○	
		（氏名　原田 昭雄	
	相 続 開 始　　遺 贈 年 月 日		平成 (令和) 元 年 10 月 20 日
	申告 (期限内)、期限後、修正 、更正、決定年月日		令和 2 年 8 月 20 日
	納　　期　　限		令和 2 年 8 月 20 日
納税地の指定を受けた場合のその指定された納税地			
物納申請の却下に係る再申請である場合は、当該却下に係る「相続税物納却下通知書」の日付及び番号			平成 令和　年　月　日　第　号

（作成税理士　事務所所在地　（電話番号）　署名押印　印）

税務署整理欄	郵送等年月日	担当者印
	令和　年　月　日	

氏 名　原田 明憲

各 種 確 約 書

物納申請財産の種類に応じ、以下の事項に関する確約等が必要となりますので、該当する事項を確認した上、該当欄文頭の□にチェックしてください。

なお、**物納申請財産の種類が複数の場合、該当するすべての事項にチェックしてください。**

【土地、建物（共通）】

【物納財産収納手続書類提出等確約書】

□ 私の物納申請に関して、税務署長から次の書類の提出を求められた場合には、速やかに提出することを約します。

1　所有権移転登記承諾書

2　印鑑証明書

【土地、建物（賃借人がいる場合）】

【賃借料の領収書等の提出に関する確約書】

□ 私の物納申請に関して、相続税法第 42 条第 2 項に規定する物納申請書の提出期限（相続税法第 45 条の物納申請の却下に係る再申請の場合は再申請の日及び相続税法第 48 条の 2 の特定物納の申請の場合は当該申請書の提出の日）の翌日から 1 年以内に物納の許可がされない場合に、税務署長から賃借料の領収書等の提出を求められたときには、その求められた日前 3 か月間の賃貸料の支払状況が確認できる書類を速やかに提出することを約します。なお、当該 3 か月間に賃貸料の支払期限がない場合には、直前の支払期限に係る支払状況が確認できる書類を提出することを約します。

【立木】

【物納財産収納手続書類提出等確約書】

□ 私の物納申請に関して、税務署長から次の書類の提出を求められた場合には、速やかに提出することを約します。

1　所有権移転登記承諾書

2　印鑑証明書

【船舶】

【物納財産収納手続書類提出等確約書】

□ 私の物納申請に関して、税務署長から次の書類の提出を求められた場合には、速やかに提出することを約します。

1　所有権移転登記承諾書

2　印鑑証明書

3　小型船舶の登録等に関する法律第 19 条第 1 項（譲渡証明書）に規定する譲渡証明書

4　その他物納財産の収納手続に必要な書類

【動産】

【物納財産収納手続書類提出等確約書】

□ 私の物納申請に関して、税務署長から物納財産の収納に必要な手続をとることを求められた場合には、速やかにこれを行うことを約します。

Column

連帯納付制度とはどんなものなのか

相続人の１人が相続税を支払わず、税務署からの督促にも応じない場合には、他の相続人が代わりに支払う義務を負います。これを連帯納付義務といいます。つまり、相続税の支払いについては、相続人全員が連帯して支払う責任を負うということです。この連帯納付義務は、借金の連帯保証とよく似ています。滞納した本人が支払いに充てるだけの財産を持っているかどうか、税務署が本人から回収する努力を尽くしたかどうかに関わりなく、他の相続人は、相続税を支払わなければならないからです。

しかも、連帯納付の相続税については、延滞も物納も認められておらず、現金で一括払いしなければなりません。この支払いを怠れば、財産を差し押さえられる可能性もあります。

さらに、連帯納付制度は、同一の被相続人から相続または遺贈によって財産を取得したすべての人を対象にしています。つまり、遺言によって財産を受け取った人が相続税の支払いを怠った場合でも、相続人である妻や子どもが、代わりに支払わなければならないということです。この連帯納付制度は、その廃止を求める意見が以前から根強くあります。この声を反映し、平成23年度の税制改正で、連帯納付義務を負わされてしまった相続人が相続税を（本来、相続税を納めるべき人の）代わりに払う場合、延滞分の利子を軽減する改正が行われました。また、平成24年度の税制改正では、相続税の申告期限から５年を経過していて、税務署から納付書が届いていない時、納税猶予を受けた時、延納を受けた時には、連帯納付義務が解除されることになりました。しかし、連帯納付制度そのものは、現在のところ廃止には至っていません。

【監修者紹介】

武田　守（たけだ　まもる）

1974年生まれ。東京都出身。公認会計士。

慶應義塾大学卒業後、中央青山監査法人、太陽ASG有限責任監査法人（現太陽有限責任監査法人）、東証１部上場会社勤務等を経て、現在は武田公認会計士事務所代表。

監査法人では金融商品取引法監査、会社法監査の他、株式上場準備会社向けのIPOコンサルティング業務、上場会社等では税金計算・申告実務に従事。

会社の決算業務の流れを、監査などの会社外部の視点と、会社組織としての会社内部の視点という２つの側面から経験しているため、財務会計や税務に関する専門的なアドバイスだけでなく、これらを取り巻く決算体制の構築や経営管理のための実務に有用なサービスを提供している。

著作として『株式上場準備の実務』（中央経済社、共著）、『入門図解　会社の税金【法人税・消費税】しくみと手続き』『不動産税金【売買・賃貸・相続】の知識』『入門図解　消費税のしくみと申告書の書き方』（小社刊）がある。

松岡　慶子（まつおか　けいこ）

認定司法書士。大阪府出身。神戸大学発達科学部卒業。専攻は臨床心理学。音楽ライターとして産経新聞やミュージック・マガジン、クロスビート、ＣＤジャーナルなどの音楽専門誌等に執筆経験がある。2013年4月司法書士登録。大阪司法書士会会員、簡裁訴訟代理関係業務認定。大阪市内の司法書士法人で、債務整理、訴訟業務、相続業務に従事した後、2016年に「はる司法書士事務所」を開設。日々依頼者の方にとって最も利益となる方法を模索し、問題解決に向けて全力でサポートしている。

監修書に『図解で早わかり　商業登記のしくみ』『図解で早わかり　不動産登記のしくみと手続き』『福祉起業家のためのNPO、一般社団法人、社会福祉法人のしくみと設立登記・運営マニュアル』『入門図解　任意売却と債務整理のしくみと手続き』『最新　不動産業界の法務対策』『最新　金銭貸借・クレジット・ローン・保証の法律とトラブル解決法128』『図解　土地・建物の法律と手続き』『入門図解　内容証明郵便・公正証書・支払督促の手続きと書式サンプル50』『入門図解　相続・遺言・遺産分割の法律と手続き　実践文例82』（いずれも小社刊）がある。

はる司法書士事務所
大阪府大阪市中央区平野町3-1-7　日宝平野町セントラルビル605号
電話：06-6226-7906
mail：harulegal@gmail.com
http://harusouzoku.com

すぐに役立つ
遺産分割のしくみと相続税申告書の書き方

2020年1月30日　第１刷発行

監修者　武《たけ》田《だ》守《まもる》　松《まつ》岡《おか》慶《けい》子《こ》
発行者　前田俊秀
発行所　株式会社三修社
〒150-0001　東京都渋谷区神宮前2-2-22
TEL　03-3405-4511　FAX　03-3405-4522
振替　00190-9-72758
http://www.sanshusha.co.jp
編集担当　北村英治
印刷所　萩原印刷株式会社
製本所　牧製本印刷株式会社

ISBN978-4-384-04834-6 C2032